August Bebel

# Die Sozialdemokratie und das allgemeine Stimmrecht

Mit besonderer Berücksichtigung des Frauen-Stimmrechts und Proportional-

Wahlsystems

August Bebel

**Die Sozialdemokratie und das allgemeine Stimmrecht**
*Mit besonderer Berücksichtigung des Frauen-Stimmrechts und Proportional-Wahlsystems*

ISBN/EAN: 9783743318304

Hergestellt in Europa, USA, Kanada, Australien, Japan

Cover: Foto ©Suzi / pixelio.de

Manufactured and distributed by brebook publishing software
(www.brebook.com)

August Bebel

**Die Sozialdemokratie und das allgemeine Stimmrecht**

# Die Sozialdemokratie

und das

# Allgemeine Stimmrecht.

Mit besonderer Berücksichtigung

des

Frauen=Stimmrechts und Proportional=Wahlsystems.

Von

## August Bebel.

Preis 20 Pfennig.

Berlin 1895.

Verlag der Expedition des „Vorwärts"

(Th. Glocke).

# Die Sozialdemokratie

und das

# Allgemeine Stimmrecht.

Mit besonderer Berücksichtigung

des

Frauen-Stimmrechts und Proportional-Wahlsystems.

Von

## August Bebel.

———— ❖◦❖ ————

Berlin 1895.

Verlag der Expedition des „Vorwärts"

(Th. Glocke).

Die vorliegende Schrift wurde hervorgerufen durch einen Beschluß des Parteitags der sozialdemokratischen Partei Deutschlands im Jahre 1893 zu Köln, der dahin ging, zu gelegener Zeit eine Agitation ins Leben zu rufen für Einführung des allgemeinen gleichen direkten und geheimen Wahlrechts für die Wahlen zu den Vertretungskörpern der Einzelstaaten.

Das Erscheinen dieser Schrift wurde verzögert, weil ein anderer befreundeter Parteigenosse die Ausarbeitung übernommen hatte, aber wegen Mangel an Zeit nicht ausführen konnte. So blieb mir nichts anderes übrig, als diese selber vorzunehmen, da ich der Urheber des Beschlusses auf dem Kölner Parteitag war.

Im Text und in den Noten habe ich zum Theil bereits die Quellen genannt, auf welche ich einen Theil meiner Ausführungen stütze; ich füge hinzu, daß mir namentlich auch die Schrift von Dr. Jastrow „Das Dreiklassenwahlsystem. Die preußische Wahlreform vom Standpunkte sozialer Politik", Berlin 1894, und eine Reihe von Artikeln, die im Februar und März vorigen Jahres im „Sozialdemokrat" (Berlin) über die Wahlrechte in einer Reihe deutscher Einzelstaaten erschienen sind, gute Dienste geleistet haben. Des weiteren habe ich die offiziellen Verhandlungen des Norddeutschen Reichstags und des preußischen Landtags sowie des Herrenhauses zu Rathe gezogen.                                                    August Bebel.

\*        \*        \*

# Einleitung.

Auf Antrag der österreichischen Delegation beschloß der internationale Arbeiter-Kongreß zu Zürich am 12. August 1893 einstimmig:

„Es ist die Zeit gekommen, in der das Proletariat in allen Ländern, wo das allgemeine Stimmrecht noch nicht besteht, einen Vorstoß unternehmen muß zur Eroberung des Wahlrechts für alle Mündigen, ohne Unterschied des Geschlechts oder der Rasse."

Damit gab der internationale Arbeiter-Kongreß zu Zürich den klassenbewußten Arbeitern aller Länder eine Direktive, entsprechend der sozialistischen Auffassung: daß der Kampf um die ökonomische Befreiung der Arbeiter in erster Linie ein politischer Kampf ist, und die Eroberung der politischen Macht das Mittel ist, die ökonomische Befreiung der Arbeiter zu vollenden.

Diese heute unter der Arbeiterklasse allgemein gewordene Auffassung von der Wichtigkeit des allgemeinen Stimmrechts wird naturgemäß von jenen nicht getheilt, die sich durch die Verwirklichung desselben in ihrer Machtstellung bedroht sehen: von der Bourgeoisie und ihren Regierungen.

Die Bourgeoisie hat von jeher einen Abscheu gegen das allgemeine gleiche und direkte Wahlrecht gehabt; sie hat alles aufgeboten, seine Einführung zu hintertreiben, und sie hat, wo sie diese nicht zu hintertreiben vermochte, seine Wirkungen zu hindern oder zu korrumpiren versucht. Dafür ist die Geschichte des allgemeinen Stimmrechts seit den etwa 100 Jahren, die es in Frage kommt, ein schlagender Beweis.

Als die Neuenglandstaaten in den achtziger Jahren des vorigen Jahrhunderts in einer revolutionären Erhebung sich von der Herrschaft des Mutterlandes befreiten und die Vereinigten Staaten Nordamerikas gründeten, war die Proklamirung des allgemeinen Stimmrechts als Grundlage für die Wahl der Volksvertretungen eine unumgängliche Nothwendigkeit. Dennoch gelang es erst

1\*

nach heftigen Kämpfen, dasselbe durchzusetzen. Ein Staatenwesen, das einer revolutionären Erhebung seine Existenz verdankte, zu dessen Gründung fast alle Bewohner mit Einsetzung ihres Lebens beigetragen hatten, in dem es keine Stände und geschlossenen Gesellschaftsschichten im Sinne europäischen Staats- und Gesellschaftswesens gab, das also im wahrsten Sinne des Wortes die Schöpfung einer Demokratie war, konnte schließlich nur ein Stimmrecht einführen, das allen Bürgern das gleiche Recht gewährte. Waren sonach die Vereinigten Staaten das erste Staatswesen, in dem die Demokratie im modernen Sinne uneingeschränkt zur Herrschaft gelangte, so war dies Umständen geschuldet, die außer aller Regel liegen, sie können nicht als Vergleich und als Maßstab für europäische Verhältnisse dienen.

Anders entwickelten sich die Dinge in Europa. Frankreich, das hier zunächst in Betracht kommt, erhielt für seine große Revolution nicht zuletzt den Anstoß durch die Vorgänge in den Vereinigten Staaten. Das Abbé Sieyès'sche Diktum: „Was ist der dritte Stand? Nichts! Was soll er sein? Alles!" fand in der Konstituante seine entsprechende Deutung. Nachdem das französische Bürgerthum die Macht der beiden bevorrechteten Stände — Adel und Geistlichkeit — gebrochen und sich an deren Stelle gesetzt hatte, konstituirte es sofort gesetzlich einen vierten Stand, der gesellschaftlich allerdings bereits vorhanden war, den Stand der Dienstthuenden, der für Lohn Arbeitenden. Die Arbeiterklasse wurde durch die Konstitution des Jahres 1791 ausdrücklich vom Wahlrecht ausgeschlossen und außerdem wurde die Ausübung desselben von der Zahlung einer direkten Steuer abhängig gemacht. An die Stelle der ständischen Rechte unter der absoluten Monarchie — die durch die Geburt oder die Zugehörigkeit zu einem der privilegirten Stände erworben wurden — trat jetzt im bürgerlich-konstitutionellen Staat der Zensus, der Besitz. Damit erhielt die neue Devise von der Freiheit, Gleichheit und Brüderlichkeit, die durch die Revolution proklamirt worden war, drastisch und praktisch ihre Auslegung. Das Bürgerthum unterschied sich also sofort durch eine vom Gesetz gezogene Scheidegrenze von den Habenichtsen, die zwar das Recht und die Pflicht hatten, für das Bürgerthum zu arbeiten und sich von ihm ausbeuten zu lassen, aber kein Recht besaßen, sich als vollwerthige Glieder des bürgerlichen Staats anzusehen, den sie eben erst mit ihrem Blut erkämpft hatten.

Es war der erste, aber nicht der letzte Verrath, den das moderne Bürgerthum an der Arbeiterklasse beging.

Zwar wurde durch die Verfassung, die nach der Auflösung der Konstituante und nach Beseitigung des Königthums der Konvent beschloß, das allgemeine gleiche Stimmrecht für alle männlichen mündigen Staatsangehörigen eingeführt, aber diese Verfassung trat nicht in Geltung. Die Ereignisse überstürzten sich. Der Konvent und seine Verfassung wurden beseitigt, und begünstigt von dem bedrohten Klasseninteresse und der Feigheit der emporgekommenen Bourgeoisie bestieg, gestützt auf seinen Schwertknauf und die Armee, in Napoleon Bonaparte der Cäsarismus den Thron. Die Napoleonischen Raub- und Eroberungskriege, die von seiner Ernennung zum Konsul ab fast zwanzig Jahre ganz Europa in Athem hielten und eine totale Veränderung der politischen Grenzen seines Länderngebiets zur Folge hatten, ließen in Frankreich keine Kämpfe um Volksrechte zur Geltung kommen.

Diese Kämpfe beginnen erst wieder nach dem zweiten Pariser Frieden (1815) und der Rückkehr der Bourbonen an die Spitze Frankreichs. Aber diese Kämpfe waren ausschließlich parlamentarische Kämpfe der französischen Bourgeoisie, welchen eine Erweiterung, aber keineswegs eine Verallgemeinerung des Stimmrechts mit zu Grunde lag.

In der Julirevolution von 1830 halfen die französischen, speziell die Pariser Arbeiter zum zweiten Male ihrer Bourgeoisie das Königthum stürzen, um nach dieser Hilfe, genau wie das erste Mal, betrogen zu werden. An Stelle des fortgejagten Bourbonen, Karl X., trat der Herzog von Orleans, Louis Philipp, den der Phrasendrechsler Lafayette den Parisern als „die beste Republik" zu empfehlen die Stirne hatte. Damit hatte die Bourgeoisie den Thron bestiegen, sie allein heimſte alle Vortheile der Revolution ein. Das ſchamloſe Wort Guizot's: „Enrichissez-vous!" (Bereichert Euch!) ließ ſie ſich nicht zwei Mal ſagen; ſie beutete aus und ſtahl, ſoviel ſie konnte, und trat nach wie vor das rechtloſe Volk mit Füßen. Erſt die Februarrevolution (1848) gebot auf kurze Zeit ihrem Treiben Einhalt. Die furchtbare Niederlage, die das franzöſiſche Proletariat in der Juni= ſchlacht erlitt (23.—25. Juni 1848) und die grauſamen Verfolgungen, die daraus reſultirten, konnten ihm einen Erfolg der Februarrevolution nicht nehmen, die Anerkennung und Aufrechterhaltung des allgemeinen gleichen Stimmrechts. Der Gedanke der demokratiſchen Gleichheit, für den das franzöſiſche Volk und ins= beſondere das franzöſiſche Proletariat ſchon ſo oft ſein Blut verſpritzte, hatte endlich ſich die allgemeine Anerkennung erobert. Noch gab es zwar Gegner des= ſelben in Menge, aber ihre Macht war nicht ſtark genug, daſſelbe zu beſeitigen. Und wenn man es beſeitigt hätte, was wollte man an ſeine Stelle ſetzen? Die Bourgeoiſie ſteht als Klaſſe dem Proletariat feindlich gegenüber, aber ſie ſelbſt zerfällt wieder in eine Reihe von Intereſſengruppen, die ſich auf beſtimmte ſoziale Gruppen ſtützen, die untereinander um die Herrſchaft und um die Beute kämpfen. Wo wollte man da für eine Beſchränkung des Wahlrechts die Grenze ziehen? Außer= dem hatten die politiſchen Kämpfe ſeit nahezu 60 Jahren, die begonnen hatten mit einer Revolution und durch drei neue Revolutionen weiter zeitweilig ſehr heftig geworden waren, die herrſchenden Klaſſen in ſo hohem Maße geſpalten und untereinander in Feindſchaft verſetzt, daß ſelbſt der Haß gegen den gemeinſamen Feind, das Proletariat, ſie nicht dauernd zu einigen vermochte.

Dieſe Situation erkannte vor Allem Louis Napoleon. Obgleich er mit geiſtigen Fähigkeiten ſehr mäßig ausgeſtattet war, beſaß er die nöthige Schlauheit und Geriebenheit, um die Gegenſätze einerſeits innerhalb der herrſchenden Klaſſen, andererſeits zwiſchen den herrſchenden Klaſſen und dem Proletariat für ſeine Zwecke auszunutzen. Was ihm ſelbſt an Verſtand und Geriebenheit abging, erſetzten die Abenteurer, die ſich um ihn geſchaart hatten und ihn als Piedeſtal für ihre habſüchtigen Zwecke brauchten. Hatte der erſte Napoleon dem kon= ſtitutionellen Spuk ſehr raſch ein Ende bereitet, ſo erkannte ſein Nachfolger zu gut, daß die Entwicklung von fünf Jahrzehnten nicht ausgelöſcht werden konnte. Er bequemte ſich den Umſtänden an. Das allgemeine Stimmrecht, angewandt nach dem alten Grundſatz aller Deſpoten und Cäſaren: divide et impera (theile und herrſche) ſollte ihm als Mittel dienen, ſeine Herrſchaft zu ſichern und zu befeſtigen. Auf der einen Seite ſtützte er ſich auf die Bauern Frankreichs, die der Name Napoleon blendete und deren Gunſt er außerdem ſich durch demagogiſche Mittel und einen gefügigen Beamten=Apparat zu ſichern wußte. Auf der andern Seite mußte der Haß des franzöſiſchen Proletariats gegen die Bourgeoiſie, die ſo grauſam während und nach der Juniſchlacht gegen daſſelbe gewüthet hatte, ſeinen Herrſchaftszwecken dienen. Drittens kam ihm die Gleichgiltigkeit zu ſtatten, mit welcher der franzöſiſche Arbeiter ſpäter, nahezu zwei Jahrzehnte lang, allen innerpolitiſchen Kämpfen gegenüber ſtand. Die Loſung: Nichtbetheiligung an der Politik, welche viele der vorgeſchrittenſten Köpfe ausgegeben hatten, wurde vielfach befolgt. Ein anderer Theil der Arbeiter warf ſich infolge mangelnder Führung und Aufklärung den bürgerlichen Radikalen in die Arme. Eine kämpfende Arbeiterpartei gab es nicht. Andererſeits wäre gerade dieſer Zuſtand der Dinge ein Grund geweſen, das allgemeine Stimmrecht anzutaſten. Aber Napoleon, der Kaiſer von Plebiszits Gnaden, der ſeinen Thron nur der allgemeinen Volksabſtimmung verdankte, der Mann, deſſen Stärke einzig in ſeinem revolutionären Urſprung lag, durfte das nicht wagen.

So blieb das allgemeine Stimmrecht unangetaſtet. Als dann Napoleon, nach den Schlägen im Kriege von 1870, das Feld räumen mußte und die dritte Republik ins Leben trat, war das allgemeine Stimmrecht ſo in Fleiſch und Blut des franzöſiſchen Volkes übergegangen, daß in ganz Frankreich nicht ein Menſch ſich befand, der ſeiner Beſchneidung oder Beſeitigung für möglich gehalten hätte. Es dachte daran nicht einmal Jemand. Daran änderte auch weder der Aufſtand der Kommune etwas, noch die Thatsache, daß seitdem der Sozialismus unter der Arbeiterklasse Frankreichs mächtigen Anhang gewonnen hat und, im Gegensatz zu früher, das französische Proletariat als organisirte Partei sich immer mehr des allgemeinen Stimmrechts bedient für die Eroberung der politischen Macht, indem es seine eigenen Vertreter in die Nationalversammlung sendet.

Was das dritte Kaiserreich unangetastet ließ, ja mit Emphase als seinen eigentlichen Ursprung ausgab, das konnte und kann die Republik nicht wagen anzugreifen. Eine Beseitigung des allgemeinen Stimmrechts wäre in Frankreich gleichbedeutend mit der Revolution, in der Arbeiter, Kleinbürger und Bauern gemeinsame Sache machten.

## Die Entwicklung in Deutschland.

*Deutschland, die fromme Kinderstube,*
*Ist keine römische Mördergrube.*

In Deutschland vollzogen sich die Dinge harmloser und gemüthlicher als in Frankreich. Das in Hunderte von mittleren, kleinen und kleinsten selbständigen Herrenthümern und sogenannten freien Städten getheilte heilige römische Reich deutscher Nation war im Jahre 1806 glücklich zu Grabe getragen worden. Es gab wohl kaum einen Deutschen, der ihm eine Thräne nachweinte, obgleich sein Untergang die Folge napoleonischer Eroberungen und der Gründung des Rheinbundes war, der sich unter dem Protektorate Napoleon's aus einer Anzahl deutscher Mittel und Kleinstaaten gebildet hatte. Der napoleonischen Herrschaft war auch die Säkularisation zahlreicher geistlicher und Keiner weltlicher Herren zu danken, die dadurch wider Willen und weit mehr, als die Mehrzahl der deutschen Geschichtsschreiber zugeben will, für die deutsche Einheit gearbeitet hat, ja sogar erst den Boden schuf, auf dem die deutschen Einheitsbestrebungen erwachsen konnten. Des weiteren sind die Ideen der großen Revolution durch die französischen Eroberungen erst recht nach Deutschland getragen worden und fanden in den von Napoleon's Gnaden geschaffenen neuen Königreichen und Fürstenthümern, in Mittel, West und Süddeutschland, bis zu einem gewissen Grade ihre praktische Verwirklichung, zum Wohle ihrer Bevölkerungen und des politischen Fortschritts in Deutschland.

Ohne diese lange Jahre währende französische Fremdherrschaft stand Deutschland nicht auf jenen Standpunkt verhältnißmäßiger politischer Reife, auf dem seine Bevölkerung nach endlicher Beseitigung der napoleonischen Herrschaft im Jahre 1815 sich befand. Ja es hätte erst einer Revolution bedurft — für deren Verwirklichung gar keine Aussicht vorhanden gewesen wäre —, um das frühere Zaunfürsten und Zaunherrenthum zu beseitigen und den west und süddeutschen Bevölkerungen jenes Maß von bürgerlichen Rechtsinstitutionen zu verschaffen, die sie im Vergleich zu Ost und Norddeutschland Jahrzehnte voraus besaßen. Auch hatte unter der französischen Fremdherrschaft in den von dieser längere Zeit beherrschten Gebieten die ökonomische Entwicklung des Bürgerthums einen Aufschwung genommen, der diesem in seinen Kämpfen gegen das Fürstenthum in einer Weise das Rückgrat steifte, von der man anderwärts noch lange nichts empfand.

Es war nicht Zufall, daß der Geist der Opposition gegen die bestehenden Zustände vor allen Dingen in West und Süddeutschland sich bemerkbar machte.

Auch Preußen hat erst den Niederlagen von Auerstädt und Jena die Aera SteinScharnhorstGneisenauSchön zu danken, auf die man sich heute mit einem gewissen Stolze gern beruft. Die Jahre unmittelbar nach den Niederlagen brachten die Reformen, die man alsdann in den Jahren nach den großen Siegen (von 1813—15) nach Kräften zu verhunzen sich beeilte.

Die Völker in Monarchien scheinen für ihre innerpolitische Entwicklung weit mehr Nutzen von äußeren Niederlagen als von äußeren Siegen zu haben. Das erfuhr nicht nur Preußen nach 1806/1807 im Vergleich zu nach 1815, sondern auch Oesterreich nach) 1860 und Frankreich nach) 1870/71. Auch Rußland hat, was es an inneren Reformen erlangte, vorausgegangenen äußeren Niederlagen zu verdanken. Die großartige Opferwilligkeit, die das preußische Volk bei der Besiegung Napoleon's bewiesen hatte, nöthigte Friedrich Wilhelm III. das Versprechen ab, derselben eingedenk zu sein; und so verhieß er am 22. Mai 1815 durch einen feierlichen Erlaß seinem Volke eine Repräsentativverfassung. Das geschah namentlich unter dem Eindruck der Nachricht von der Rückkehr Napoleon's von Elba nach Frankreich und in der Erkenntniß, daß es abermals neuer schwerer Opfer seitens des preußischen Volkes bedürfen würde, um Napoleon zum zweiten Male zu unterwerfen.

Sogar in die Bundesakte hatten die um jene Zeit zu Wien versammelten deutschen Fürsten und ihre Bevollmächtigten unter dem Eindruck der letztjährigen schweren Ereignisse eine Bestimmung aufgenommen (Artikel 13), wonach „in allen deutschen Staaten eine landständische Verfassung stattfinden werde", wie es in wunderbarem Deutsch dort hieß, eine Zusage, gegen deren Verwirklichung sich nachher der Bundestag mit allen Mitteln sträubte und alle darauf gerichteten Bestrebungen schwer verfolgte.

Wie oft sind seitdem von fürstlicher Seite in schwerer Stunde gegebene Versprechen später vergessen worden.

Am 21. März 1818 wiederholte der König von Preußen in einer Kabinetsordre die frühere Zusage, behielt sich aber über das „Wann" die Entscheidung vor. Man hatte ihn aus der Rheinprovinz, welche in jener Zeit die vorgeschrittenste und rebellischste der preußischen Provinzen war, an sein Versprechen gemahnt, aber er erklärte auch weiter: „er werde sich nicht durch unzeitige Vorstellungen im richtigen Fortschreiten zu diesem Ziele übereilen lassen."

Das Sand'sche Attentat auf Kotzebue in Mannheim (23. März 1819) gab den bequemen Vorwand ab, die Erfüllung des gegebenen Versprechens abermals hinauszuschieben, während man zugleich durch die berüchtigten Karlsbader Beschlüsse jede freiere Regung noch mehr als vordem unterdrückte. Alsdann wurden die bekannten gehässigen Demagogenverfolgungen ins Werk gesetzt, die schweres Unheil über Viele brachten.

Endlich, am 5. Juni 1825, erschien ein von der Regierung Friedrich Wilhelm III. erlassenes Gesetz, das die Einführung von Provinzialständen anordnete, die nach und nach in den einzelnen Provinzen ins Leben traten. Welcher Art aber diese Provinzialvertretungen waren, zeigt z. B. die Zusammensetzung des Provinzial-Landtags der Provinz Brandenburg. In diesem hatte der grundbesitzende Adel unter Heranziehung von 4 Vertretern der Standesherren 35 Stimmen, die Städte hatten nur 23 und die Bauern der Provinz nur 12. Obendrein wurden diese Bauern- und Städtevertreter von bestimmten Wählerkorporien ernannt, nicht von der Gesammtheit der Bauern und Bürger gewählt. Aehnlich war die „Vertretung" in den andern Provinzen des Staats. Das bot man einem Volke an, das die riesigsten Opfer an Gut und Blut für die Erhaltung des Thrones gebracht und dem man seitdem die allgemeine Wehrpflicht mit neuen schweren Opfern auferlegt hatte.

Von einer Gesammtvertretung des Staats, die versprochen worden war, blieb Alles still. Friedrich Wilhelm III. fuhr endlich in die Grube (1840), ohne dieses dem Volke gegebene Versprechen eingelöst zu haben.

*  *  *

Das preußische Volk war — wie man sieht — sehr bescheiden, aber bescheiden war man zu jener Zeit überall in Deutschland. Und doch zitterten und bebten die Regierungen im Bewußtsein ihres bösen Gewissens, wenn sie von Bestrebungen hörten, die jetzt überall sich zu regen begannen und die auf eine Aenderung der Landesverhältnisse im Sinne bürgerlich-constitutioneller Zustände abzielten. Für die Uebelthäter, die solche „revolutionäre" Ideen verfolgten, war keine Bestrafung hart genug.

Die konservativsten Staatsmänner von heute schütteln den Kopf, lesen sie, was in jener Zeit als staatsgefährliche Demagogie und revolutionäre Bestrebungen grausam verfolgt wurde.

In den meisten deutschen Staaten wurden, unmittelbar nach 1815, im Gegensatz zu Preußen und Oesterreich, ständische Vertretungen ins Leben gerufen. Der König von Württemberg hatte 1806 die altständische Verfassung widerrechtlich aufgehoben und berief 1815 eine Versammlung von Vertretern der höheren Stände, um mit diesen eine neue Verfassung zu vereinbaren. Diese weigerten sich aber darauf einzugehen und verlangten die alte Verfassung, als noch zu Recht bestehend, wiederhergestellt. Nach jahrelangen Kämpfen kam endlich 1819 eine neue Verfassung zu Stande, die im Wesentlichen heute noch in Kraft ist. Die Volksvertretung wurde aus zwei Kammern gebildet. Die sogenannte Volks- oder zweite Kammer bestand aus 13 Abgeordneten der Ritterschaft, 6 evangelischen Prälaten, dem katholischen Landes-Bischof, den dem Dienste nach ältesten katholischen Dekan, einem Mitglied des Domkapitels, dem Kanzler der Universität, den Abgeordneten der sogenannten „sieben guten Städte" und 64 Abgeordneten der Oberämter, die indirekt, mit öffentlicher Stimmabgabe und nach einem Zensus gewählt wurden.

Weimar erhielt 1816 eine „Volksvertretung", dergestalt, daß der Adel 11, die Städte und Landgemeinden je 10 Vertreter wählten. Das Wahlrecht war indirekt und es bestand ein Zensus.

Nassau erhielt bereits 1814 eine Verfassung mit zwei Kammern, mit ebenfalls indirekten Wahlen für die zweite Kammer.

Baden gelangte 1818 in den Besitz einer Verfassung. Die zweite Kammer bildeten 63 Abgeordnete der Städte und Aemter, die indirekt und auf 8 Jahre gewählt wurden.

Bayern rückte ebenfalls im Jahre 1818 in die Reihe der Staaten ein, die eine ständische Verfassung besaßen. Die zweite Kammer bestand aus 135 Mitgliedern. Ein Theil derselben wurde durch Privilegirte: den niederen Adel, die katholische und protestantische Geistlichkeit und die Professoren der Universitäten gewählt. Die übrigen Mitglieder erlangten ihr Mandat auf dem Wege eines sehr verwickelten Wahlverfahrens und auf Grund eines hohen Zensus. Die Dauer des Mandats währte 6 Jahre.

Ein Jahr später wie Bayern folgte Hannover, das 1819 eine neue landständische Verfassung bekam, nachdem es bereits seit 1814 einen Landtag besaß, der aus 44 ritterschaftlichen, 10 geistlichen, 29 städtischen und 3 bäuerlichen Vertretern bestand. Auch nach der neuen Verfassung von 1819 fiel dem Grundadel der Löwenantheil an der Vertretung zu.

Als Wirkung der französischen Julirevolution (1830), die den deutschen Fürsten ein großes Unbehagen erweckte und auch in Deutschland allerlei Volksbewegungen hervorrief, vereinbarte der König von Sachsen mit den alten Ständen eine neue Verfassung, die am 4. September 1831 ins Leben trat, nachdem am 9. Januar 1831 Kurhessen bereits vorangegangen war. Am 12. Oktober 1832 folgte Braunschweig, das an diesem Tage eine neue Landschafts-Ordnung erhielt.

Eine ganz eigenthümliche Stellung nahmen die vier freien Reichsstädte Bremen, Frankfurt, Hamburg und Lübeck ein, die ihre volle Unabhängigkeit und Selbstverwaltung gerettet hatten, dieselbe aber den Patriziern und einer Handvoll privilegirter Bürger überließen; ihre Staatsordnungen bildeten einen Hohn auf den Namen einer „freien Stadt" oder Republik.

Die skizzirten Verfassungszustände stimmten darin überein, daß überall die Masse des Volks und der Steuerzahler von dem Wahlrecht entweder gänzlich ausgeschlossen war oder ein Wahlrecht besaß, das keinen entscheidenden Einfluß auszuüben ermöglichte. Außerdem hatten die Regierungen sowohl durch Aufnahme Privilegirter in die zweiten Kammern, wie durch die Errichtung der ersten Kammern dafür gesorgt, daß der Volkswille nicht zur Geltung kam. Ueberall waren die

Hauptbedingungen für den Eintritt in diese Körperschaften Zugehörigkeit zu einem privilegirten Stand (Adel oder Geistlichkeit), Besitz und christliches Bekenntniß. Juden und Andersgläubige waren ausgeschlossen. Der Geist des Mittelalters schwebte über diesen Versammlungen.

Die ersten Kammern, wo sie vorhanden waren, und das war in den mittleren und größeren Staaten überall der Fall, bestanden und bestehen heute in der Hauptsache noch aus den Prinzen der regierenden Häuser, den Standesherren, den Vertretern des Grundadels, der hohen Geistlichkeit beider Konfessionen, aus Vertretern der Universitäten und aus Ernannten seitens der regierenden Fürsten, die diese auf Lebenszeit oder erblich berufen. Es war also dafür gesorgt, daß keine unliebsamen Beschlüsse gefaßt oder gar unliebsame Gesetze angenommen wurden. Faßte dennoch ab und zu hier und dort eine zweite Kammer, wie das namentlich in Baden geschah, einen unbequemen Beschluß, so nahm man das nicht zu ernst; ihn zu berücksichtigen bestand keine Verpflichtung.

Aber es änderten sich die Zeiten. Die ökonomische Entwicklung Deutschlands wurde durch die Vielstaaterei mit ihren separaten und unter einander widersprechenden Gesetzgebungen überall gehemmt. Die neuen Verkehrsmittel (Eisenbahnen) ließen die Kleinstaaterei immer mehr als Anachronismus erscheinen. Das werdende Großbürgerthum verlangte daher immer entschiedener nach neuen politischen Formen und nach größerer und freierer Bethätigung, die ihm seine ökonomische Entwicklung ermöglichten. Die bestehenden Zustände wurden von Jahr zu Jahr unerträglicher mit den überall sich geltend machenden neuen Bedürfnissen. So entstand eine oppositionelle Bewegung, die namentlich im Laufe der vierziger Jahre bedrohlicher wurde. Das brachte denn zu Wege, daß endlich im Jahre 1847 Friedrich Wilhelm IV. sich entschloß, wenigstens der Form nach, das von seinem Vater gegebene Versprechen einzulösen, indem er durch Patent vom 3. Februar 1847 die Provinzialstände zu einem vereinigten Landtag nach Berlin einberief. „Das war eine zweifellos sehr würdige Versammlung, die aber heute eines gewissen komischen Eindrucks nicht verfehlen würde, denn ihre Mitglieder saßen gesondert nach Provinzen, und innerhalb eines solchen Kreises von Provinzialen wurden die „drei Kurien der Stände", mit der „Kurie" der Herren an der Spitze, geschieden."*) Aber auch jetzt noch, und obgleich es bereits überall rumorte, verstand der König die Zeichen der Zeit so wenig, daß in der Rede, mit welcher er den Vereinigten Landtag am 11. April eröffnete, er unter anderem äußerte:

„Ich werde nun und nimmermehr zugeben, daß sich zwischen unsern Herrgott im Himmel und dieses Land ein geschriebenes Blatt, gleichsam als eine zweite Vorsehung eindränge, um uns mit seinen Paragraphen zu regieren und durch sie die alte heilige Treue zu ersetzen."

Der so sprach, ahnte nicht, daß das Gewitter bereits über seinem Haupte sich zusammenzog und er genau ein Jahr später eine Verfassung und vieles andere zu geben bereit war, von dem er sich an jenem 11. April nichts träumen ließ. Am 22. Februar 1848 kam das Gewitter zunächst in Paris zum Ausbruch, das Louis Philipp den Thron kostete, und verbreitete sich rasch über das übrige Europa. Am 13. März schlug der Blitz in Wien ein und zwang den Träger der europäischen Reaktion, den Fürsten Metternich, sein Heil in schleuniger Flucht zu suchen. Nach Wien folgte Berlin, das in den Tagen des 18. und 19. März das alte absolute Preußen in Trümmer zerschlug und den schwach gewordenen König für alle möglichen Konzessionen mürbe machte.

Der unmittelbar darauf wieder berufene Vereinigte Landtag nahm am 8. April ein Wahlgesetz für Preußen an, auf Grund dessen eine „Nationalversammlung" zur Feststellung einer Verfassung gewählt werden sollte. Was kurz

---

*) Max Schippel: „Fort mit dem Dreiklassen-Wahlsystem in Preußen." Zweite umgearbeitete Auflage. Berliner Arbeiter-Bibliothek, II. Serie, 8. Heft. „Vorwärts"-Buchhandlung, Berlin.

zuvor in unendlicher Ferne zu stehen schien, war jetzt That und Wahrheit geworden. Dem neuen Wahlgesetz hatte die Revolution ihren Stempel aufgedrückt. Es sprach in seinem § 8 klipp und klar aus:

„daß jeder Preuße, der das 24. Lebensjahr zurückgelegt und nicht den Vollbesitz der bürgerlichen Rechte in Folge rechtskräftigen richterlichen Urtheils verloren hatte, in der Gemeinde, in der er seit sechs Monaten seinen Wohnsitz und Aufenthalt hatte, stimmberechtigter Urwähler sei, insofern er nicht aus öffentlichen Mitteln Armenunterstützung beziehe."

Das war also die Proklamirung des allgemeinen gleichen Wahlrechts, kraft dessen 3 661 993 über 24 Jahre alte Männer Landtagswähler wurden.

Kurze Zeit darauf fanden die Wahlen statt und wurde der neugewählte Landtag am 22. Mai durch den König mit einer Thronrede eröffnet. Die Linke hatte die Mehrheit, aber sie war eine bunt zusammengewürfelte Mehrheit ohne festen Zusammenhalt und ohne den energischen Geist und die feste Entschlossenheit, die für eine Versammlung von solcher Bedeutung und in der gegebenen Situation nothwendig war. Statt sofort durch eine Reihe kräftiger Handlungen sich die Macht zu sichern und die entgegenwirkenden Kräfte einzuschüchtern und unschädlich zu machen, vertröbelte sie die kostbare Zeit durch weitschweifige Verhandlungen, und oft über Dinge von untergeordneter Bedeutung. Ganz anders die Kamarilla und die Militär- und Junkerpartei. Was seit den Märztagen geschehen war, erfüllte diese mit tiefster Entrüstung und einer geheimen Wuth, sie trachteten darnach, jedes brauchbare Mittel zu ergreifen, um das Geschehene nach Möglichkeit rückgängig zu machen. Dem liberalen Ministerium Camphausen, das aus waschlappigen Altliberalen zusammengesetzt war und dem schon aus diesem Grunde alles Zeug zu entschiedenem Handeln fehlte, legte man bei dem König jedes denkbare Hinderniß in den Weg. Der König selbst hatte sich, wie nach seiner ganzen Vergangenheit und bei einem preußischen König es nicht anders sein konnte, nur widerwillig und dem Zwange gehorchend auf die neuen Bahnen drängen lassen und ersehnte die Gelegenheit zur Umkehr.

Das Bürgerthum war gespalten, die eigentliche Bourgeoisie hatte mit dem größten Unbehagen die Entwicklung der Dinge seit den Märztagen verfolgt und insbesondere beunruhigte sie, daß die Arbeiter eine immer größer werdende Selbstständigkeit zeigten und mit Nachdruck auf soziale Reformen drängten, für die bisher in der Kammer sehr wenig Sinn und Verständniß vorhanden war. Das Gespenst des Kommunismus ging um und ängstigte die stets und überall durch Mangel an Muth sich auszeichnende Bourgeoisie. Was bei ihr das Unbehagen erhöhte, war die große Arbeitslosigkeit, die allgemein herrschte, die Unzufriedenheit in den Massen schürte und die Berliner Behörden zur Inangriffnahme öffentlicher Arbeiten zwang, um den Arbeitslosen einigen Verdienst zu gewähren. Man ließ unter anderem die sogenannten Rehberge abtragen, eine sehr unnütze und improduktive Arbeit, von der die betheiligten Arbeiter den Namen „die Rehberger" erhielten. Gleichzeitig ließ der Arbeitsminister von Patow die Arbeitslosen in Schaaren aus der Hauptstadt abschieben, um das revolutionäre Element zu entfernen. Oeffentliche Demonstrationen, die wegen der angekündigten Rückkehr des Prinzen von Preußen (des späteren Kaisers Wilhelm) aus England stattfanden und bei welchen die Arbeiter sich stark betheiligten, wie der Sturm auf das Zeughaus am 14. Juni trugen ferner dazu bei, bei der Bourgeoisie einen Zustand zu erzeugen, der sie aus der Angst und der Aufregung nicht mehr herauskommen ließ. Sie sehnte sich nach einem Retter.

Unmittelbar nach dem Zeughaussturm hatte das Ministerium Camphausen seinen Abschied eingereicht, um von dem Ministerium Auerswald, das schon um eine Nüance weiter nach rechts stand, abgelöst zu werden. Um jene Zeit war aber Berlin und die Mark von Militär fast entblößt. Der Kampf gegen Dänemark wegen Schleswig-Holsteins war entbrannt und hatte einen Theil der Armee unter Wrangel absorbirt. Daher hielt es der Hof für zweckmäßig, um die Gunst der Bürgerwehr zu buhlen, die man gleichzeitig gegen die Arbeiter einzunehmen suchte, was

Dinge nicht schwer war. Die Kammer berieth währenddem
und die verschiedensten anderen Materien, wie sie der Tag
ste durch eine Anzahl ihrer Beschlüsse die Gegnerschaft der
Diese setzten namentlich in den Ostprovinzen alle Hebel in
egenrevolutionäre Strömung zu einer Macht zu steigern. Vor
s sich darum, die Armee zur Verfügung zu haben, damit
n Augenblicke eingreifen könne. So wurde (26. August 1848)
hmachvolle Waffenstillstand zu Malmö geschlossen, der ermög=
ückzuführen, die bald darauf unter dem Kommando Wrangel's
g nahm.

ꝛer Nationalversammlung auf der einen, die Haltung des
n Seite, nöthigte das Ministerium Auerswald, bereits am
zutreten, um dem Ministerium Pfuel, das als ein solches der
alt, den Platz zu räumen. Die Nationalversammlung tagte
rieth ein neues Jagdgesetz, ein Gesetz über die Sistirung der
und beschloß bei der Spezialberathung der neuen Verfassung
titels „von Gottes Gnaden" und die Abschaffung des Adels=
Titel. Darüber war der König tief empört und gab seiner
iden Ausdruck. Die Situation wurde noch bedenklicher durch
lt zwischen den Arbeitern und der Bürgerwehr, den man
uf ein „Mißverständniß" zurückzuführen suchte. Die Konflikte
r am 26. Oktober. Wenige Tage später (den 31. Oktober)
ien des Fürsten Windischgrätz unterlegen, eine Nachricht, die,
raf, Volk und Kammer in die höchste Aufregung versetzten,
eaktion den größten Jubel hervorrief. Die Forderung der
gierung, die Sache Wiens bei der österreichischen Regierung
vertreten, war das Signal für die Reaktion, die Maske ab=
isterium Pfuel erhielt den Abschied und Brandenburg=Man=
ꝛr Junkerpartei, übernahmen die Regierung. Am 9. November
mitgetheilt, daß ihre sofortige Verlegung nach Brandenburg
ꝛselbst sie am 27. zur Berathung zusammentreten sollte. Es
n Einflüssen der Berliner Bevölkerung zu entziehen. Die
Kammer widersetzte sich und tagte, als sie ihr Sitzungslokal
ꝛnderen Lokalen weiter. Jetzt stellte das Ministerium an den
Bürgergarde die freche Zumuthung, die Versammlung aus=
Dieser weigerte sich, der Aufforderung zu gehorchen. Die
flösung der Bürgergarde am 12. November. Tausende von
m Schutz der Nationalversammlung erboten hatten und Waffen
von dem Präsidenten derselben, Herrn v. Unruh, zurück=
merken: man werde sich mit dem passiven Widerstande be=
emselben Tage, am 10. November, rückte Wrangel an der
kann in Berlin ein und ließ die Nationalversammlung aus=
dem dieselbe noch kurz zuvor den Beschluß gefaßt hatte: die
die Steuern zu verweigern.

Kammer am 27. November, den Anordnungen des Minise=
lene in Brandenburg zusammen, aber am 5. Dezember ereilte
ung, und am 6. Dezember erschien ein neues Wahlgesetz, das
Gesetz abweichende Bestimmung enthielt, daß der Wähler
ꝛsse, wodurch ca. 700 000 bisherigen Wählern das Wahlrecht
imerhin war dieses Wahlrecht noch weit radikaler als das
te Dreiklassen=Wahlrecht. Gleichzeitig berief die Regierung die
den 26. Februar 1849 nach Berlin, um die von ihr gleich=
ssung zu „revidiren".

in dem ersten revolutionären Drama Preußens war ohne
u Ende. Der „passive Widerstand" war die Losung des

Bürgerthums, daher nichts leichter, als daß eine zielbewußte Reaktion die Lage für sich ausnutzte. Als die neue zweite Kammer zusammentrat und sich herausstellte, daß sie von der aufgelösten sich nur wenig unterschied, wurde sie am 27. April abermals nach Hause geschickt. Darauf erließ am 30. Mai 1849 die Regierung eine neue Verordnung, durch welche das „elendeste und erbärmlichste aller Wahlgesetze", das heute noch in Preußen giltig ist, das Dreiklassenwahlsystem, ins Leben gerufen wurde.

Erbittert über diesen Staatsstreich, den die Oktroyirungsmaßregeln der Regierung darstellten, beschloß die demokratische Linke unter Protest Enthaltung von den Wahlen, womit sie der Regierung nur einen Gefallen erwies. Die neue gefügige Kammer brachte mit der Regierung die Revision der Verfassung im Dezember 1849 zu Stande. Zehn Jahre später, im Jahre 1859, als unter der „Regentschaft" die sogenannte neue Aera begann, trat die bürgerliche Demokratie endlich aus dem Schmollwinkel hervor und betheiligte sich wieder an den Wahlen.

\* \* \*

Aehnlich wie dem preußischen erging es dem sächsischen Volke. Die Märztage und was ihnen folgte hatten auch die sächsische Regierung zur Einlenkung in neue Bahnen gezwungen. Sie vereinbarte mit dem Ständelandtag im Frühjahr 1848 ein Wahlgesetz, das die einzige Beschränkung enthielt, daß der Wähler „selbständig" sein, d. h. einen eigenen Hausstand haben müsse. Im übrigen war das Wahlgesetz allgemein, gleich und direkt. Als aber nach dem verunglückten Maiaufstand in Dresden (1849) die Reaktion wieder Oberwasser erhielt und die Volksvertretung Beschlüsse faßte, die der Regierung nicht genehm waren, wurde dieselbe am 1. Juni 1850 aufgelöst. Wider alles Recht und als hätten die letzten zwei Jahre nicht existirt, berief die Regierung auf dem Verordnungswege die 1848 gesetzlich aufgehobenen Stände wieder zusammen (3. Juni 1850). Ebenso ergingen widerrechtlich Verordnungen, durch welche die bestehenden sehr freien Vereins- und Versammlungsgesetze und das Preßgesetz aufgehoben und neue reaktionäre Gesetze provisorisch an deren Stelle gesetzt wurden, die gut zu heißen alsdann die reaktionären Stände sich beeilten.

Das Schicksal, das die Volkswahlrechte in Preußen, Sachsen und anderwärts getroffen hatte, ereilte auch das Wahlrecht für das deutsche Parlament zu Frankfurt a. M. Das letztere hatte das Wahlrecht auf breitester demokratischer Grundlage gutgeheißen und wurde dasselbe unter dem 12. April 1849 als Reichsgesetz durch den Reichsverweser und die Reichsminister verkündet. Charakteristischer Weise war es die Linke und die Rechte des Parlaments, welche gegen den Widerstand der gemäßigten Liberalen, der späteren sogenannten Gothaer, als deren Erben und Nachfolger man die heutigen Nationalliberalen ansehen muß, das Reichstagswahlrecht beschloß.

Damals repräsentirten diese gemäßigten Liberalen, auch die Erbkaiserlichen genannt — weil sie die Könige von Preußen als erbliche Kaiser an die Spitze Deutschlands setzen wollten — die im Wachsen begriffene Bourgeoisie, wie heute die Nationalliberalen die Vertreter der Bourgeoisie par excellence sind.

Diese Gesellschaftsklasse ist sich immer und überall gleich: sie ist mit der liberalen Phrase im Munde volks- und arbeiterfeindlich bis ins innerste Mark hinein. Ihre Vertreter sind stets und überall politische Mollusken, die sich durch zwei Eigenschaften ihrer Klasse besonders auszeichnen, durch Feigheit und politische Charakterlosigkeit.

Das Reichswahlgesetz für das deutsche Parlament bestimmte in seinem § 1: Wähler ist jeder Deutsche, welcher das fünfundzwanzigste Lebensjahr zurückgelegt hat. Wählbar zum Abgeordneten des Volkshauses — die Volksvertretung sollte aus einem Staaten- und einem Volkshause bestehen — war jeder wahlberechtigte Deutsche, der seit mindestens 3 Jahre einem deutschen Staate angehört hatte. Ausgeschlossen von der Wahl und damit auch von der Wählbarkeit zum Abgeorbneten waren 1. Personen, die unter Vormundschaft oder Kuratel standen; 2. Personen, über deren Vermögen Konkurs= oder Fallitzustand gerichtlich eröffnet worden war, und zwar während der Dauer dieses Zustandes; 3. Personen, die eine Armenunterstützung aus öffentlichen oder Gemeindemitteln bezogen oder im letzten der Wahl vorausgegangenen Jahre bezogen hatten.

Diese Ausschließungsbestimmungen sind später fast wörtlich in das deutsche Reichswahlgesetz aufgenommen worden. Ferner sollten die Mitglieder des Staaten= hauses wie des Volkshauses eine Reisekostenentschädigung von 1 fl. pro Meile und Tagegelder in Höhe von 7 fl. rheinisch (= 12 Mk.) erhalten. Da aber die damalige ganze Reichsherrlichkeit an der Kontrerevolution der Fürsten und der hinter ihnen stehenden Schichten zu Grunde ging, so blieb auch das Reichs= wahlgesetz gleich der neuen Reichsverfassung auf dem Papier.

Das Volk hatte vergebens gekämpft, geblutet und geopfert. Die Feigheit und der Verrath der maßgebenden Klassen und der Indifferentismus und die Unklarheit großer Volksmassen hatten die Niederlage herbeigeführt.

---

## Das Dreiklassenwahlsystem in Preußen.

Als das Ministerium Manteuffel am 30. Mai 1849 seine berüchtigte Ver= ordnung erließ, durch die das bestehende Wahlrecht aufgehoben und das Drei= klassenwahlsystem eingeführt wurde, erhob sich in weiten Kreisen ein Sturm des Unwillens und der Empörung. Die Wirkung dieser Oktroyirung war, daß, wie schon bemerkt, die Demokratie sich der Betheiligung an den Wahlen enthielt und die Rechtsbeständigkeit der Verordnung negirte, was nicht verhinderte, daß die auf Grund des oktroyirten Wahlgesetzes gewählte Kammer sich als Volksvertretung ansah und giltige Gesetze beschloß. Auch entschwand im Laufe der Jahre dem Volke das Bewußtsein der Nichtrechtsbeständigkeit jenes Wahlrechts und so hielt die Linke es schließlich selbst für angemessen, vom Jahre 1859 ab sich wieder an den Wahlen zu betheiligen. Heute wagt kaum noch einer ihrer Nachkommen an die Nichtrechtsbeständigkeit jener Verordnung zu erinnern.

Die Sozialdemokratie hat bisher niemals Rechtsinstitutionen auf ihre Rechts= beständigkeit geprüft, um davon die Anerkennung oder Nichtanerkennung abhängig zu machen, sie weiß zu genau, daß alles Recht nur eine Frage der Macht ist. Statt mit der Untersuchung subtiler Rechtsfragen die Zeit todtzuschlagen, ist sie bemüht, jedes ihr zur Verfügung stehende Kampfmittel, das Erfolg verspricht, zu benutzen, um sich die Macht zu erobern und alsdann das Recht in ihrem Sinne zu gestalten. Bedenken über die Rechtsbeständigkeit des Dreiklassenwahlsystems waren es also nicht, die bisher die Sozialdemokratie abhielten, sich an der Aus= übung desselben zu betheiligen, sondern die Ueberzeugung, daß die Betheiligung an diesem elendesten und erbärmlichsten aller Wahlgesetze, wie es Fürst Bismarck in der Sitzung des Norddeutschen Reichstags am 28. März 1867 selbst nannte, ihr keine Erfolge verhieß.

Die Verschlimmbesserungen, die das preußische Abgeordnetenhaus, das würdige Produkt dieses famosen Wahlgesetzes, in seiner Session von 1892/93 an demselben vornahm, deren Wirkung bei den Neuwahlen im Herbst 1893 schon theil= weise in die Erscheinung traten, sind geeignet, diese herrschende Auffassung von dem Werthe des Dreiklassenwahlsystems zu bestärken. Das Gesetz ist durch die Erscheinungen, welche die letzten Wahlen hervorbrachten, noch mehr als bisher dem Fluche der Lächerlichkeit, um nicht zu sagen der öffentlichen Verachtung ver= fallen. Verwundert fragt man sich, warum eine Regierung, die auf ihre Reputation achtet, nicht bestrebt ist, ein solches Monstrum eines Gesetzes so bald als möglich aus der Welt zu schaffen, dessen Unhaltbarkeit nicht blos für jeden Gerechtigkeit= liebenden, nein, für jeden anständigen Menschen selbstverständlich ist.

Der § 8 der Verordnung vom 30. Mai 1849 bestimmt:

„Jeder selbständige Preuße, welcher das 24. Lebensjahr vollendet und nicht den Vollbesitz der bürgerlichen Rechte in Folge richterlichen Erkenntnisses verloren hat, ist in der Gemeinde, worin er seit sechs Monaten seinen Wohnsitz oder Aufenthalt hat, stimmberechtigter Urwähler, sofern er nicht aus öffentlichen Mitteln Armenunterstützung erhält."

Dies in Preußen bestehende Wahlrecht unterscheidet sich zu seinen Gunsten von dem Reichstagswahlrecht dadurch, daß bereits mit vollendetem 24. Lebensjahre die Wahlfähigkeit beginnt, während bei dem Reichstagswahlrecht das vollendete 25. Lebensjahr erfordert wird. Weiter hatten — wenigstens bis zum Erlaß der Norddeutschen Bundes-Verfassung, 1867 — auch die aktiven Militärpersonen, wenn sie den Anforderungen des § 8 entsprachen, das aktive und passive Wahlrecht.

Das Dreiklassenwahlsystem unterscheidet sich von dem bestehenden Reichstagswahlrecht zu seinen Ungunsten dadurch:

1. Daß die Stimmabgabe eine öffentliche ist, wodurch der Einschüchterung und Beeinflussung der Wähler und der Wahlmänner Thür und Thor geöffnet ist, und für Millionen Wähler eine freie Wahl zur Unmöglichkeit wird;

2. Daß die Wahlen indirekt sind. Die sogenannten Urwähler haben Wahlmänner zu wählen, die ihrerseits in einem besonderen Wahlgang, ebenfalls mit öffentlicher Stimmabgabe, die Abgeordneten zu wählen haben.

3. Daß wie das Stimmrecht weder geheim noch direkt, es auch nicht gleich ist. Die Wähler jedes Wahlkreises werden nach der Höhe der direkten Steuern, die sie zahlen, in drei Klassen eingetheilt, von denen jede Klasse ein Drittel der Wahlmänner wählt, obgleich die Zahl der Wähler in den einzelnen Klassen eine sehr verschiedene ist.

Die Wahlmänner der drei Klassen wählen gemeinschaftlich die Abgeordneten, so daß die Wahlmänner der ersten und zweiten Klasse, obgleich sie nur kleine Wählerkreise hinter sich haben, die Wahlmänner der dritten Klasse, die bis zu 90 und mehr Prozent der Wähler repräsentiren, überstimmen können.

Das wichtigste politische Recht wird also nach Maßgabe des Besitzes verschieden bemessen. Es sichert den Reichen und Wohlhabenden unter allen Umständen die Macht.

Für die Wahlrechtszutheilung wurden bisher die direkten Staatssteuern, die gezahlt wurden, in Anrechnung gebracht. Und zwar wurde seit der Steuerreform vom Jahre 1890 die Einkommensteuer, die Gewerbesteuer einschließlich der Betriebssteuer und die Grund- und Gebäudesteuer in Ansatz gebracht, mit der weiteren Maßgabe, daß diejenigen, die, weil sie unter 900 Mk. Jahreseinkommen haben, von der Einkommensteuer — vordem von der Klassensteuer — befreit sind, 3 Mk. als Steuersatz angerechnet erhalten.

Diese Bestimmungen wurden durch die weitere Steuerreform und durch die gleichzeitig vorgenommene Wahlrechtsreform vom Jahre 1893 dahin abgeändert, daß vom 1. April 1895 an nicht nur die direkten Staatssteuern (Einkommensteuer nebst Ergänzungs- [Vermögens-] und Gewerbesteuer für den Gewerbebetrieb im Umherziehen), sondern auch die direkten Gemeinde-, Kreis- und Provinzial- bez. Bezirkssteuern, die der Urwähler zu entrichten hat, in Berechnung gestellt werden. Dabei treten an Orten, wo direkte Gemeindesteuern nicht erhoben werden, an deren Stelle die vom Staate veranlagten Grund-, Gebäude- und Gewerbesteuern, auf deren Erhebung aber der Staat vom 1. April 1895 an verzichtet. Es kommen also Steuern in den betreffenden Orten in erheblicher Höhe für die Zumessung des Wahlrechts in Betracht, die gar nicht erhoben werden.

Ein System, nach dem nicht bezahlte Steuern als bezahlte angesehen werden und für die Vertheilung politischer Rechte in Anrechnung kommen, besteht wohl einzig und allein in Preußen. Hier zeigt sich, zu welchen Ungeheuerlichkeiten eine ausschließlich auf dem Besitz beruhende Landesvertretung sich versteigen kann.

Das Bestreben, die Macht, die man besitzt, um jeden Preis zu behalten, womöglich noch zu erweitern, artet ins Wahnsinnige aus.

Der Vortheil aus diesen ungeheuerlichen Bestimmungen fällt in erster Linie den über 16 000 ostelbischen selbständigen Gutsbezirken zu, in welchen der Guts= herr als Gemeindeoberster und Polizeiherr schaltet und waltet und an sich selbst natürlich keine Gemeindesteuer bezahlt, aber die nicht entrichtete Gebäude=, Grund= und Gewerbesteuer zur Bemessung des Wahlrechts angesetzt erhält. Daß ein solches ungeheuerliches Privilegium geschaffen wurde, ist vorzugsweise dem Zentrum geschuldet, das in seinen Mogeleien mit der Rechten der letzteren, die genau wußte, was sie forderte, diese Forderungen bewilligte. Die Rechte ihrerseits hatte dem Zentrum dafür die Konzession zugestanden, daß von der für die Zumessung des Wahlrechts in Anrechnung kommenden Einkommensteuer Be= träge über 2000 Mk. außer Ansatz bleiben sollten. Das Zentrum hoffte, da die Vertheilung des Landtagswahlrechts auch für die Gemeindewahlen gilt, durch diese Bestimmung in einer Anzahl rheinischer Gemeinden seine Anhänger gegen die nationalliberalen und freikonservativen Großbourgeois in der ersten Wähler= klasse in die Gemeindevertretungen bringen zu können. Es war freilich ein aller Konsequenz Hohn sprechender Beschluß, auf der einen Seite nicht gezahlte Steuern für die Zumessung des Wahlrechts in Ansatz zu bringen, auf der anderen Seite aber wirklich gezahlte Steuern über einen bestimmten Satz hinaus außer Ansatz zu lassen. Dergleichen kann nur von Parteien beschlossen werden, denen Konsequenz und Gerechtigkeit hohle Worte sind. In dieser Beziehung über= trafen sich die Parteien im Landtage gegenseitig.

Schließlich war aber das Zentrum der betrogene Theil. Im Abgeord= netenhause bildeten Zentrum und Konservative die große Mehrheit und so wurden diese Vereinbarungen gegen die lebhafte Opposition der nationalliberalen Groß= bourgeois angenommen. Ebenso hatte das Abgeordnetenhaus die von der Re= gierung vorgeschlagene Zwölftelung — auf die wir noch zu sprechen kommen — statt der Drittelung der Steuerbeträge in die 3 Klassen gutgeheißen.

Das Herrenhaus aber änderte diese Beschlüsse. Es hob die Zwölftelung auf — eine Aenderung, der keine besondere Bedeutung beizulegen war — und stellte die Drittelung wieder her. Außerdem strich es die vom Zentrum ausgegangene Aenderung, daß über einen Satz von 2000 Mark die Einkommensteuer für die Zumessung des Wahlrechts nicht in Anrechnung kommen sollte; dagegen ließ es die andere Bestimmung, wonach in Orten, in denen direkte Gemeindesteuern nicht erhoben werden, die vom Staate veranlagte aber nicht erhobene Grund=, Gebäude= und Gewerbesteuer in Anrechnung kommen sollte, in Kraft.

Als nun die Vorlage an das Abgeordnetenhaus zurückging, um eine Uebereinstimmung mit den Beschlüssen des Herrenhauses zu erzielen, weil ohne diese Uebereinstimmung und die Zustimmung der Regierung keine Vorlage Gesetzeskraft erlangen kann, erklärten die schlauen Konservativen zum größten Aerger des Zentrums, nunmehr für die Herrenhaus=Beschlüsse zu stimmen. Das= selbe erklärten die National=Liberalen, die gegen die Vorlage, wie sie das Abge= ordnetenhaus beschlossen, gestimmt hatten. Dagegen erklärte Herr Bachem voll Zorn und Entrüstung Namens seiner Partei, daß sie das Gesetz in der Fassung des Herrenhauses nunmehr ablehnten.

Diese parlamentarische Komödie wäre unmöglich gewesen, saß auch nur ein Sozialdemokrat im Abgeordnetenhause, der diese Schacherpolitik gebührend an den Pranger stellte.

Ein weiterer Beschluß, dem Abgeordnetenhaus und Herrenhaus zustimmten, ging dahin, daß wie schon bisher diejenigen Wähler, die weniger als 900 Mark Jahreseinkommen besitzen und von der Staatseinkommensteuer befreit sind, bei der Zumessung des Wahlrechts einen Steuersatz von 3 Mark in Ansatz gebracht bekommen sollen, und zwar auch in dem Falle, daß für einen solchen Urwähler eine andere von ihm zu entrichtende direkte Staats= oder Gemeindesteuer anzu=

rechnen ist. Aber man beschloß weiter, daß vom 1. April 1895 ab alle Urwähler, die zu keiner Staatseinkommensteuer veranlagt sind, der
dritten Wählerklasse zuzutheilen seien, auch wenn sie durch die Anrechnung des Steuersatzes von 3 Mark in die zweite oder erste
Abtheilung gelangen würden. Letzteres wäre in Bezirken, wo die Zahl
der von der Staatssteuer befreiten Wähler eine sehr große ist, und bei der gegenwärtig geltenden Drittelung der Steuersätze in den Urwahlbezirken hier und
da möglich gewesen. Z. B. zählte, wie bei einer Probe-Aufstellung sich zeigte, im
Jahre 1893 der Kreis Teltow unter 2805 Wahlberechtigten 1449 = 51,7 pCt.
steuerfreie Wahlberechtigte, der Kreis Niederbarnim bei 956 Wahlberechtigten
460 = 48,1 pCt. steuerfreie Wahlberechtigte und der Kreis Ratibor bei 2946 Wahlberechtigten 1513 = 51,4 pCt. steuerfreie Wahlberechtigte.

Nach der seit 1890 beschlossenen Einrichtung, daß die Wählerklassen nicht
mehr nach der Steuerquote, welche der ganze Wahlkreis aufweist, sondern nach der
Quote, die der einzelne Urwahlbezirk im Ansatz hat, in den Urwahlbezirken
gebildet werden, lassen diese Zahlenangaben den Schluß zu, daß in Urwahlbezirken,
die ausschließlich aus unbemittelter Bevölkerung bestehen, **Dreimarkmänner in
die zweite, unter Umständen selbst in die erste Wählerklasse kommen
könnten.** So z. B. bildeten diese Dreimarkmänner im 508. Urwahlbezirk in Berlin
98,5 pCt. der Wähler. Von 203 Wählern waren 200 Dreimarkmänner. Im 486. Urwahlbezirk waren es 97,3 pCt., in einem Bezirk des Teltower Kreises 98,4 pCt.

Das wußten die Konservativen, und das fürchteten sie, und darum verlangten sie diese Wählermassen unter allen Umständen in die dritte
Wählerklasse zu bannen, ein Verlangen, dem das Zentrum und die
übrigen Parteien zustimmten.

Indem aber diese wahlberechtigten Dreimarkmänner ein für alle Mal in die
dritte Wählerklasse gebannt wurden, trat eine Begünstigung der übrigen Wahlberechtigten ein. Man sicherte diesen ausschließlich die erste und zweite Wählerklasse. Eine ähnliche Bindung auch mit denjenigen Wahlberechtigten vorzunehmen,
welchen die vom Staate veranlagte Grund-, Gebäude- und Gewerbesteuer, obgleich
sie nicht bezahlt wird, in Anrechnung kommt, fiel natürlich dem Landtage nicht im
Traume ein. Hier handelte es sich eben um wohlhabende, oft sehr reiche Leute,
deren Macht um jeden Preis, selbst durch künstliche Mittel verstärkt werden mußte,
dort, bei den Dreimarkmännern, um arme Teufel.

Da die dritte Wählerklasse, wie wir sehen werden, gegenüber der ersten und
zweiten Wählerklasse vollkommen machtlos ist, so hat für die dritte Klasse die Zuweisung
der Dreimarkmänner nur eine dekorative Bedeutung und einen fingirten Werth.

Daß übrigens die Wirkung der Steuerreform, auch ohne eine besondere
Begünstigung der Inhaber selbständiger Gutsbezirke, eine Verschiebung des Drei-
klassen-Wahlrechts im plutokratischen Sinne*) nothwendig zur Folge habe, wußte
die preußische Regierung, wie eine Rede des Finanzministers Miquel bewies, sehr
wohl. Als in der fünften Sitzung des preußischen Abgeordnetenhauses, am
21. November 1892, der ehemalige Minister des Innern, der Abg. Herrfurth, auf
die wahrscheinlich starke plutokratische und agrarische Wirkung der Steuerreform
hinwies, wenn diese nicht durch eine entsprechende Wahlreform verhindert werde,
antwortete Herr Miquel:

„Ich gebe auch von meinem Standpunkt aus zu, daß die Wirkung des Ein-
kommensteuergesetzes ebensowohl als die Wirkung der Reformgesetze auf das Wahlrecht eine sehr bedeutende sein und sich namentlich nach der plutokratischen Seite hin äußern wird; ich bin auch der Meinung, daß ein
Wahlgesetz dieser Wirkung entgegentreten und dafür Sorge tragen
muß, daß nicht ein so starkes Ueberwiegen der plutokratischen
Elemente beim preußischen Wahlrecht in Zukunft vorhanden ist.“

---

*) Im Sinne der Herrschaft der reichen Leute.

Er versprach weiter darauf zurückzukommen, wenn die Wahlreform=Vorlage vorliege und hoffte, daß man zu einer Verständigung kommen werde. Nun! Die Wahlrechtsvorlage kam! Die Vorlage der Regierung war aber weit entfernt davon, dem plutokratischen Charakter, den das Wahlrecht für die erste und zweite Wählerklasse erlangt hatte, abzuhelfen. Sie schlug zwar, wie schon erwähnt, vor, daß für die Berechnung der Steuerbeträge in den Wahlbezirken nicht mehr die Drittelung, sondern die Zwölfstelung maßgebend sein sollte, dergestalt, daß von dem Gesammtsteuerertrag eines Bezirks die erste Klasse 5, die zweite 4, die dritte 3 Zwölftel aufzubringen habe. Aber die neue Eintheilung veränderte nur in sehr unbedeutendem Maße die Zahl der Wähler in der ersten und zweiten Klasse und hatte für die dritte Klasse gar keinen Werth, da diese nach wie vor die enorme Mehrzahl der Wähler umschloß. Das zeigten schlagend die Er= hebungen, welche die Regierung über den Einfluß der Zwölstelung in einigen Probewahlkreisen vornehmen ließ, um ein Urtheil über die Wirkung des Systems zu bekommen. Ausgewählt wurden für die Großstädte: Berlin II. und Köln; für größere und kleinere Mittelstädte: Krefeld=Neisse und Greifswald; für ländliche Kreise mit überwiegendem Großgrundbesitz: Grimmen=Greifswald, mit überwiegendem bäuerlichem Grundbesitz: Schlawe=Rummelsburg. Wir stellen die Ergebnisse hier neben einander, indem für 1888 die thatsächliche Gestaltung der Wahlen, für 1892 die unveränderte Anwendung des Gesetzes von 1891 und das System der Zwölfstelung, beides unter der Annahme von Dreimark=Wählern vorausgesetzt wird

| Sys tem der Drittelung | | | | | | System der Zwölftelung | | |
| --- | --- | --- | --- | --- | --- | --- | --- | --- |
| | 1 8 8 8 | | 1892 (bezirksweise) | | | | | |
| I. | II. | III. | I. | II. | III. | I. | II. | III. |
| Schlawe=Rummelsburg 3,35 | 11,83 | 84,82 | 3,58 | 14,17 | 82,25 | 5,13 | 19,89 | 74,98 |
| Grimmen=Greifswald . 2,78 | 8,82 | 88,40 | 2,67 | 8,60 | 88,73 | 3,90 | 12,12 | 83,98 |
| Stadt Greifswald . . . 3,03 | 10,01 | 86,96 | 3,58 | 10,10 | 86,32 | 5,20 | 13,01 | 81,79 |
| Stadtkreis Köln . . . . 2,21 | 8,81 | 88,98 | 2,26 | 8,32 | 89,42 | 3,41 | 11,75 | 84,84 |
| Stadtkreis Krefeld . . 2,54 | 8,47 | 88,99 | 2,36 | 8,58 | 89,06 | 3,61 | 12,30 | 84,09 |
| Stadtkreis Berlin II. . 1,25 | 6,75 | 92,00 | 1,59 | 7,13 | 91,28 | 2,31 | 11,35 | 86,34 |
| Neisse=Grottkau . . . . 3,38 | 8,75 | 87,87 | 3,60 | 10,72 | 85,69 | 5,21 | 14,42 | 80,37 |
| Stadt Neisse . . . . . 4,03 | 10,42 | 85,55 | 3,77 | 9,97 | 86,26 | 5,37 | 12,58 | 82,05 |

Das Resultat der Zwölftelung im Gesetz wäre also gewesen, daß die Wählerzahl in der ersten und zweiten Klasse ein wenig größer, und dementsprechend die Wählerzahl der 3. Klasse ein wenig kleiner geworden wäre. Aber was hat es für einen Einfluß auf den Ausgang der Wahl, wenn künftig statt 82,25 pCt. der gesammten Wählerschaft 74,98 pCt. — das ist der stärkste Unterschied, der sich bei der Probeaufstellung ergab — zur dritten Klasse gehört? In den sieben anderen Probewahlkreisen sind die Unterschiede noch weit geringer. Es erscheint als ein schlechter Scherz, das eine „Reform“ zu nennen. Als dann das Herrenhaus die Drittelung wieder hergestellt hatte, der schließlich das Abgeordnetenhaus zu= stimmte, beeilte sich die Regierung ebenfalls, diese Aenderung mit den anderen, welche sowohl den plutokratischen wie den agrarischen Charakter der Wahlrechtsvertheilung auf die höchste Spitze trieben, zu akzeptiren. Sie nahm das neue Gesetz sogar mit einer Eile in die Gesetzessammlung auf, die im höchsten Grade auffällig war.

Von einer Opposition des Herrn Miquel gegen den plutokratisch=agrarischen Charakter des neuen Gesetzes hörte man nichts. Wer will auch von einem Dorn= strauch Feigen lesen?

Abgesehen von den Reformen zu Gunsten der Kapitalisten und Agrarier, die am Dreiklassenwahlsystem vorgenommen wurden, mußte allein schon die wirth= schaftliche Entwicklung innerhalb der letzten Jahrzehnte das System zu Gunsten der reichen Klassen auf Kosten der Minderbemittelten beeinflussen. Das zeigt ein Blick auf die Einkommensvertheilung innerhalb des erwähnten Zeitraums. Nach

Clemens Heiß*) hat in den acht alten Provinzen Preußens in dem Zeitraum von 1853—1890 die Einwohnerzahl um 42 pCt. zugenommen. Die Einkommen stiegen aber in dieser Periode folgendermaßen:

Die Einkommen unter 3 000 Mk. stiegen um 42 pCt.,
„ „ von 3 000— 36 000 „ „ „ 333 „
„ „ „ 36 000— 60 000 „ „ „ 590 „
„ „ „ 60 000—120 000 „ „ „ 835 „
„ „ „ über 120 000 „ „ „ 942 „

Die Zahl der Einkommen bis zu 3000 Mk. stieg also konform der Zunahme der Bevölkerung, die Zahl der großen Einkommen wuchs aber um so rascher, je größer sie waren. Es ist klar, daß eine sehr starke Verschiebung in den drei Wählerklassen eine nothwendige Wirkung dieser Verschiedenartigkeit der Einkommensvermehrung war. Und da durch die Einführung der Staatseinkommensteuer mit Zwangseinschätzung (1891) das Wachsthum der großen Einkommen sich noch weit erheblicher herausstellte, als die Tabellen von Heiß, die mit 1890 abschließen, ergaben, so war eine weitere Entwicklung der Wahlrechtsvertheilung nach der plutokratischen Seite selbstverständlich. Sie ist thatsächlich auch eingetreten.

Bei der Tendenz unserer ökonomischen Entwicklung, nach der die großen Vermögen progressiv wachsen auf Kosten der kleineren und auf Kosten der großen Masse der Bevölkerung, mußte die Gesammtzahl der Wähler der ersten und zweiten Klasse im Verhältniß zu jener der dritten immer kleiner werden. Die Einflußlosigkeit der dritten Wählerklasse nimmt mit der Zunahme ihrer Zahl nicht ab sondern zu. Zu einer solchen Ungeheuerlichkeit führt das bestehende Wahlsystem. Nach der amtlichen Statistik gab es im Jahre 1849 auf Grund des Dreiklassenwahlsystems in Preußen:

3 225 703 Urwähler.
Davon gehörten zur 1. Wählerklasse 153 308 Urwähler,
„ „ „ 2. „ 409 945 „
„ „ „ 3. „ 2 691 950 „

Ein Wähler 1. Klasse hatte demnach durchschnittlich so viel Wahlrecht wie 2,7 Wähler der 2. Klasse und 17 Wähler der 3. Klasse. Die 563 753 Wähler der 1. und 2. Klasse steckten die 2 691 950 Wähler der 3. Klasse in die Tasche, diese hatten jenen gegenüber „nix to seggen". Noch mehr. Die Wähler der 1. Klasse und einer über die Hälfte der Wähler der 2. Klasse konnten die gesammten Wähler der dritten und die kleinere Hälfte der Wähler der 2. Klasse überstimmen. Heute ist es noch ebenfalls so, nur mit dem Unterschied, daß die Zahl der Wähler der 1. und 2. Klasse im Verhältniß zu jener der 3. noch kleiner geworden ist. Darnach läßt sich bemessen, was es heißt, wenn die vom Ministerium entworfene Thronrede, mit welcher der Landtag am 5. Juli 1893 geschlossen wurde, sagte:

„Der in Folge der Steuerreform eintretenden Verschiebung in der Abstufung des Wahlrechts trägt das Gesetz über die Abänderung des Wahlverfahrens Rechnung;"
und

„daß diese von dem Streben nach ausgleichender Gerechtigkeit geleiteten Reformen meinem Volke zum dauernden Segen gereichen werden."

War im Jahre 1849 die Gesammtzahl der Urwähler 3 255 703, so betrug sie bei den Wahlen von 1893: 5 989 538**)

Dieses Mehr von 2 733 835 Urwählern ist einestheils durch die steigende Bevölkerung, anderntheils durch die Annexionen veranlaßt. Es ist nun interessant

---

*) Die großen Einkommen in Deutschland und ihre Zunahme in den letzten Jahrzehnten. München und Leipzig 1893. Eine von der staatswissenschaftlichen Fakultät der Universität Tübingen gekrönte Arbeit.
**) Nr. 10 der Statistischen Correspondenz, XX. Jahrgang des Königl. Statist. Bureaus.

zu sehen, wie sich vom Jahre 1849 an, bei den verschiedenen Wahlen, die Wähler-zahl prozentual auf die drei Wählerklassen vertheilen. Darnach hatten:

|  | 1849 | 1855 | 1858 | 1861 | 1863 | 1866 | 1867 | 1888 | 1893 |
|---|---|---|---|---|---|---|---|---|---|
| 1. Klasse: | 4,72 | 5,02 | 4,80 | 4,73 | 4,46 | 4,20 | 4,28 | 3,62 | 3,52 pCt. |
| 2. „ | 12,59 | 13,86 | 13,42 | 13,49 | 12,78 | 12 34 | 12,18 | 10,82 | 12,06 „ |
| 3. „ | 82,69 | 81,09 | 81,78 | 81,77 | 82,76 | 83,54 | 83,54 | 85,56 | 84,42 „ |

Der Vergleich ergiebt, daß die Zahl der Wähler 1. Klasse in diesem Zeit-raum von 4,72 pCt. in 1849 auf 3,52 pCt. in 1893, die Wähler 2. Klasse von 12,59 pCt. in 1849 auf 12,06 in 1893 sanken, daß dagegen die Wählerschaft der 3. Klasse von 82,69 pCt. in 1849 auf 84,42 pCt. in 1893 wuchs.

Die angegebenen Zahlen repräsentiren das Ergebniß des Durchschnittes in der Monarchie. Die Wählerschaft ist aber in jedem Wahlbezirk eine andere; je nachdem die Einkommensverhältnisse der einzelnen Wahlkreise be-schaffen sind, je nachdem ein Wahlkreis ein ländlicher oder ein industrieller oder städtischer rc. ist, je nachdem er eine dünne, mittlere oder dichte Bevölkerung hat, ändert sich die Eintheilung. Ein Wähler 1. oder 2. Klasse in einem Wahlkreis hat keineswegs die Sicherheit, ein Wähler 1. oder 2. Klasse in einem Nachbar-kreise oder in einem beliebigen anderen Wahlkreise zu sein. Wer in dem Wahl-kreis A Wähler 1. Klasse ist, kann im Wahlkreis B, C u. s. w. Wähler 3. Klasse sein. Und wer Wähler 3. Klasse im Wahlkreise E kann Wähler 1. Klasse sein, wenn er im Wahlkreise F wohnt.

Das System des Dreiklassen-Wahlsystems ist, kein System zu sein. Der Zufall entscheidet.

Die Willkürlichkeiten und Zufälligkeiten des Systems sind aber noch gesteigert worden, nachdem seit 1890 durch die Gesetzgebung angeordnet wurde, daß die Be-rechnung der einzelnen Steuerklassen nicht mehr nach dem Steuerbetrag des ganzen Wahlkreises, sondern nach dem der einzelnen Urwahlbezirke, von denen der einzelne mindestens 750 und höchstens 1749 Seelen umfassen darf, vorgenommen werden.

Hatte früher z. B. ein Wahlkreis einen direkten Staatssteuerbetrag von 300 000 Mk. aufzubringen, so entfielen auf jede der drei Klassen 100 000 Mk. Steuern. Besaß die 1. Klasse 30 Wähler, die 2. Klasse 85 und die 3. Klasse 750 Wähler, so war sicher, daß die 30 reichsten Leute die 1. Wählerklasse, die 85 Nächstreichen die 2. Klasse und die 750 Minderwohlhabenden oder Nichts-besitzenden des Wahlkreises die 3. Wählerklasse bildeten. Darin lag noch ein ge-wisses System für den einzelnen Wahlkreis. Durch die Drittelung der Steuer in den Urwahlbezirken werden aber die größten Absurditäten herbeigeführt, sogar innerhalb des einzelnen Wahlkreises. Hing nach der früheren Eintheilung für einen großen Theil der Wähler die Wählerklasse von dem Wahlkreis ab, dem sie angehörten, so hängt sie jetzt ab von dem Urwahlbezirk, in dem sie wohnen, d. h. es kommt darauf an, in welchem Ort, in welcher Straße eines bestimmten Ortes, ja in welcher Hausnummer einer bestimmten Straße sie wohnen. End-lich hängt bei dem ganzen System für den Einzelnen auch oft von dem Buch-staben des Alphabets ab, mit dem sein Name beginnt, ob er in die 1. oder 2., in die 2. oder 3. Klasse kommt.

Hätte man eine Prämie darauf gesetzt, ein Wahlsystem zu erfinden, das durch seine Komplizirtheit wie durch seine Widersprüche und Systemlosigkeit sich auszeichnete und geeignet sei, zum öffentlichen Spotte zu werden, der preußi-schen Regierung und den preußischen Kammern gebührte der Preis.

Wie die plutokratische Wirkung des Wahlsystems bewirkte, daß die Zahl der Wähler 1. Klasse stetig sank, die der 3. stetig wuchs, mögen weiter einige Angaben aus einzelnen Städten und Orten beweisen:

Berlin hatte Wahlberechtigte in der

|  | 1. Abtheilung | 2. Abtheilung | 3. Abtheilung |
|---|---|---|---|
| 1849 ..... | 2 350 = 3,1 pCt. | 7 232 = 9,4 pCt. | 67 375 = 87,5 pCt. |
| 1893 ..... | 5 930 = 1,7 „ | 28 233 = 8,2 „ | 347 782 = 90,1 „ |

Im Jahre 1849 hatten also 3,1 Wähler der 1. Klasse genau soviel Stimm
recht wie 87,5 der 3., im Jahre 1893 hatten aber bereits 1,7 Wähler der 1. Klass
so viel Stimmrecht wie 90,1 der 3. Und nach den vom 1. April 1895 in Kraf
tretenden Bestimmungen wird die Kapitalmacht noch ausschlaggebender sein. Und
das heißt man in Preußen „ausgleichende Gerechtigkeit".

In Berlin gab es Landtags=Wähler

|  | 1888 | 1893 | |
|---|---|---|---|
| im 1. Wahlkreis: | | | |
| in der 1. Klasse | 2 150 | 1 453 | — 697 |
| „ „ 2. „ | 6 756 | 4 972 | — 1 784 |
| „ „ 3. „ | 55 172 | 61 647 | + 6 475 |
| im 2. Wahlkreis: | | | |
| in der 1. Klasse | 883 | 1 323 | + 440 |
| „ „ 2. „ | 4 780 | 5 900 | + 1 120 |
| „ „ 3. „ | 65 126 | 74 052 | + 8 926 |
| im 3. Wahlkreis: | | | |
| in der 1. Klasse | 1 537 | 2 007 | + 470 |
| „ „ 2. „ | 7 713 | 11 561 | + 3 848 |
| „ „ 3. „ | 86 124 | 112 787 | + 26 663 |
| im 4. Wahlkreis: | | | |
| in der 1. Klasse | 921 | 1 146 | + 225 |
| „ „ 2. „ | 4 535 | 5 799 | + 1 264 |
| „ „ 3. „ | 57 621 | 64 800 | + 7 179. |

Aehnliche Verschiebungen der Wähler in den einzelnen Klassen wie ir
Berlin haben sich auch in anderen Städten herausgestellt, aber die Nachweise hier=
für, soweit sie uns vorliegen, erstrecken sich nur auf die letzten Jahre, sie sind
dafür aber um so charakteristischer.

In Crefeld betrug die Gesammtzahl der Wahlberechtigten:

1891 . . . 6141
1893 . . . 8090.

Aber in diesem Zeitraum war die Zahl der Wähler der 1. Klasse von
372 auf 143, die Wähler der 2. Klasse von 1277 auf 782 gesunken, dagegen
war die Zahl der Wähler der 3. Klasse von 4761 auf 7165 gestiegen. Es gehl
doch nichts über die „ausgleichende Gerechtigkeit".

In Aachen waren wahlberechtigt:

1891 . . . 6878 Personen,
1893 . . . 9747 „

Davon wählten in der

|  | 1. Klasse | 2. Klasse | 3. Klasse |
|---|---|---|---|
| 1891 . . . | 311 | 1208 | 5359 |
| 1893 . . . | 124 | 738 | 8885 |
|  | — 187 | — 470 | + 3526 |

In Bonn wählten in der

|  | 1. Klasse | 2. Klasse | 3. Klasse |
|---|---|---|---|
| 1891 . . . | 190 | 591 | 3363 |
| 1893 . . . | 77 | 385 | 3927 |
|  | — 113 | — 206 | + 464 |

In Dortmund wählten in der

|  | 1. Klasse | 2. Klasse | 3. Klasse |
|---|---|---|---|
| 1891 . . . | 250 | 1541 | 13 401 |
| 1893 . . . | 20 | 660 | 16 000 |
|  | — 230 | — 781 | + 2 599 |

In einer Reihe anderer rheinischer Städte stellte sich die Wählerzahl in den
verschiedenen Klassen also. Es hatten:

| | 1891 | | | 1893 | | |
|---|---|---|---|---|---|---|
| | 1. Klaſſe | 2. Klaſſe | 3. Klaſſe | 1. Klaſſe | 2. Klaſſe | 3. Klaſſe |
| Köln | 636 | 3233 | 14 897 | 370 | 2584 | 22 323 |
| Düſſeldorf | 386 | 1356 | 6 089 | 149 | 1100 | 9 400 |
| Elberfeld | 270 | 1314 | 5 784 | 152 | 907 | 10 093 |
| Barmen | 392 | 1049 | 4 921 | 185 | 1093 | 8 635 |
| Mülheim a. Rh. | 81 | 271 | 1 039 | 4 | 143 | 3 147 |
| Neuß | 68 | 280 | 1 109 | 34 | 233 | 1 893 |
| Düren | 14 | 202 | 1 866 | 9 | 74 | 2 242 |
| Eupen | 28 | 167 | 767 | 18 | 121 | 850 |
| Dülken | 33 | 116 | 475 | 20 | 102 | 539 |
| Xerdingen | 15 | 75 | 520 | 9 | 40 | 702 |

In Frankfurt a. M. verminderte ſich in Folge des Geſetzes von 1893 die Zahl der Wähler 1. Klaſſe von 870 auf 794, die der 2. Klaſſe von 2990 auf 2640. In Eſſen kommen auf einen Wähler 1. Klaſſe 187 Wähler der 2. und 5127 Wähler der 3. Klaſſe.

Bei den Kommunalwahlen, für welche daſſelbe Wahlgeſetz gilt, nur mit dem Unterſchied, daß jede Wählerklaſſe ein Drittel der Gemeindevertreter und direkt wählt, tritt die Ungeheuerlichkeit des Dreiklaſſenwahlſyſtems nach augenfälliger in die Erſcheinung. So ernennen die beiden Wähler der 1. Klaſſe in Eſſen ein Drittel der Stadtverordneten, in Bochum haben daſſelbe Recht fünf Wähler der erſten Klaſſe, in Berlin wählt ¹/₂₅ der Wähler ein Drittel der Stadtverordneten (40). Die Steigerung der Macht der Plutokratie liegt für den Einfältigſten offen vor. Und da ſpricht man von „ausgleichender Gerechtigkeit".

In Neuſtadt in Oberſchleſien ſtehen im Verzeichniß der Kommunalwähler der 1. Abtheilung: Abraham Fränkel, Herm. Fränkel, Emanuel Fränkel; in der 2. Abtheil 4 Perſonen: Joſeph Pinkus, Albert Fränkel, Max Pinkus und Auguſt Schneider. Die ſechs zuerſt genannten Perſonen ſind die Inhaber der Firma S. Fränkel. In der 3. Abtheilung wählen 1231 Mitglieder 12 Stadt=verordnete. Die Firma Fränkel wählt deren 24. Man braucht ſolche Thatſachen nur anzuführen, um das Hohngelächter der ganzen Welt hervorzurufen.

Eine ſehr erheiternde Wirkung üben die Vergleiche aus, die zeigen, wie ſowohl zwiſchen den einzelnen Wahlkreiſen, wie innerhalb der Wahlkreiſe in den Urwahlbezirken die Zumeſſung des Stimmrechts nach der Steuerdrittelung zu den unglaublichſten Abſurditäten führt. Hier geht Syſtem, Vernunft, Gerechtigkeit vollkommen in die Brüche. Da kann man ſich nicht einmal mehr entrüſten, man kann nur noch aus Verachtung über ſolche Zuſtände lachen.

Man höre, ſtaune und erheitere ſich.

Im 1. Berliner Wahlkreis ſchloß bei der Landtagswahl im Jahre 1893 die **1.** Wählerklaſſe ab:

im 59. Urwahlbezirk mit dem Steuerſatz von 73 750 Mk.
„ 57. „ „ „ „ „ „ 47 912 „
„ 58. „ „ „ „ „ „ 33 518 „
„ 216. „ „ „ „ „ „ 159 „
„ 212. „ „ „ „ „ „ 118 „
und „ 156. „ „ „ „ „ „ 116 „

In demſelben Wahlkreis ſchloß die **2.** Wählerklaſſe ab:

im 58. Urwahlbezirk mit dem Steuerſatz von 10 516 Mk.
„ 96. „ „ „ „ „ „ 7 400 „
„ 42. „ „ „ „ „ „ 3 794 „
„ 218. u. 236. „ „ „ „ „ „ 26 „
und „ 204. „ „ „ „ „ „ 9 „

Im 2. Berliner Landtags=Wahlkreis ſchloß die **1.** Wählerklaſſe ab:

im 486. Urwahlbezirk mit dem Steuerſatz von 40 819 Mk.
„ 489. „ „ „ „ „ „ 30 758 „
„ 424. „ „ „ „ „ „ 6 501 „
„ 324. „ „ „ „ „ „ 41 „
„ 385. „ „ „ „ „ „ 29 „

In demselben Wahlkreis schloß die **2.** Wählerklasse ab:

im 486. Urwahlbezirk mit dem Steuersatz von 1 470 Mk.

„ 876. 686 „

in den Urwahlbezirken 324, 340, 359, 365 u. 367 9 „

„ „ „ 370 und 385 6 „

Im 3. Berliner Landtags-Wahlkreis schloß die **1.** Wählerklasse ab:

im 743. Urwahlbezirk mit dem Steuersatz von 31 948 Mk.

„ 734. „ „ „ „ „ 26 907 „

„ 772. „ „ „ „ „ 20 506 „

„ 838, u. 909. „ „ „ „ „ 26 „

„ 860. 12 „

In demselben Wahlkreis schloß die **2.** Wählerklasse ab:

im 980. Urwahlbezirk mit dem Steuersatz von 3 256 Mk.

„ 953. 870 „

in den Urwahlbezirken 860, 909, 1042, 1052,

1068, 1069 und 1071 „ 6 „

Im 4. Berliner Landtags-Wahlkreis schloß die **1.** Wählerklasse ab:

im 566. Urwahlbezirk mit dem Steuersatz von 26 517 Mk.

„ 564. „ „ „ „ „ 16 484 „

„ 695. „ „ „ „ „ 27 „

„ 508. u. 602. „ „ 26 „

In demselben Wahlkreis schloß die **2.** Wählerklasse ab:

im 564. Urwahlbezirk mit dem Steuersatz von 13 884 Mk.

„ 686. „ „ „ „ „ 2 829 „

„ 684. 876 „

in den Urwahlbezirken 598, 577, 602 u. 695 6 „

Solche Verrücktheiten in der Vertheilung des Wahlrechts zeigte Berlin. Aehnliches bietet fast jeder Wahlkreis der Monarchie. In Halle ist z. B. der höchste Steuersatz in der zweiten Wählerklasse im 5. Urwahlbezirk 17 985 Mk im 31. Urwahlbezirk nur 9 Mk. Der höchste Steuersatz für die 3. Wählerklasse ist im 37. Urwahlbezirk 774 Mk., im 31. Urwahlbezirk nur 6 Mk.

In Bochum ist der höchste Steuersatz für die erste Wählerklasse im 21. Urwahlbezirk 9057 Mk., im 8. Urwahlbezirk 131 Mk. In der zweiten Wählerklasse ist der höchste Steuersatz im 21. Urwahlbezirk 1155 Mk., im 8. Urwahlbezirk 21 Mk. In der dritten Wählerklasse ist der höchste Steuersatz 246 Mk., im 31. Urwahlbezirk nur 6 Mk. u. s. w.

Die folgende Aufstellung zeigt, wie diese unglaublichen Widersprüche in der ganzen Monarchie zum Ausdruck kommen.

Die Grenzen der Steuerleistung in den drei Abtheilungen ergaben folgende Resultate:

**a) in der ersten Abtheilung:**

| Mk. | Mk. | Mk. | Mk. | Mk. | Mk. | Mk. | Mk. | Mk. | |
|---|---|---|---|---|---|---|---|---|---|
| 5 | 5 | 20 | 30 | 100 | 300 | 1000 | 3000 | | |
| | bis | bis | bis | bis | bis | bis | bis | über | |
| | 20 | 30 | 100 | 300 | 1000 | 3000 | 30000 | 300000 | |
| in 1 | 9 | 30 | 2071 | 7037 | 9071 | 4293 | 1578 | 40 | Urwahlbezirken |

**b) in der zweiten Abtheilung:**

| | Mk. | Mk. | Mk. | Mk. | Mk. | Mk. | Mk. | |
|---|---|---|---|---|---|---|---|---|
| | 5 | 30 | 100 | 300 | 1000 | 3000 | | |
| | bis | bis | bis | bis | bis | bis | über | |
| | 30 | 100 | 300 | 1000 | 3000 | 30000 | 30000 | |
| in | 2798 | 8344 | 8448 | 3722 | 719 | 157 | 2 | Urwahlbezirken. |

**c) in der dritten Abtheilung:**

| Mk. | Mk. | Mk. | Mk. | Mk. | Mk. | Mk. | Mk. | Mk. | |
|---|---|---|---|---|---|---|---|---|---|
| 3 | 3 | 10 | 20 | 30 | 100 | 300 | 1000 | 3000 | |
| | bis | bis | bis | bis | bis | bis | bis | bis | |
| | 10 | 20 | 30 | 100 | 300 | 1000 | 3000 | 8484 | 10000 |
| in 274 | 3751 | 4309 | 3111 | 9433 | 2675 | 500 | 64 | 10 | 1 Urwahlbezirken. |

Ein weiterer Kommentar ist Angesichts dieser Zahlen überflüssig.

Man sagt zur Vertheidigung des Dreiklassenwahlsystems, daß es den Besitz gegenüber der großen besitzlosen Klasse zur Geltung bringe. Das ist, wie die koloſſale Verſchiedenheit der Steuerſätze in jeder Wählerklaſſe darthut, eine grobe Unwahrheit oder Täuſchung. Wenn beiſpielsweiſe in Berlin in einem Wahlkreis ein Wähler mit einem Steuerſatz von 40 819 Mk. und ein anderer mit einem ſolchen von 20 Mk., je nach dem Urwahlbezirk, in dem er wohnt, in der erſten Klaſſe wählt, ſo ſteht auf der einen Seite ein vielfacher Millionär einem kleinen Beſchäftsmann, kleinen Beamten oder gut bezahlten Arbeiter mit 1500—1800 Mk. Einkommen gegenüber. In demſelben Wahlkreis kommt aber ein anderer viel= facher Millionär mit einem Steuerſatz von 10 546 Mk. und einem Arbeiter, der nur 9 Mk. Steuern zahlt, in die zweite Wählerklaſſe. Aehnliche Beiſpiele ſind nicht vereinzelt, ſie ſind typiſch.

In der Breitenſtraße in Berlin, deren Häuſer zu verſchiedenen Urwahl= bezirken gehören, iſt man mit einem Steuerbetrag von 147 Mk. im Hauſe Nr. 7 in der dritten Wählerklaſſe, im Hauſe Nr. 8 in der zweiten. In dem dicht dabei liegenden Köllniſchen Fiſchmarkt kommt man aber mit dieſem Steuerſatz in die 1. Wählerklaſſe. In einem Theil der Scharrnſtraße ſteht der Wähler mit 272 Mk. Steuer in der 2. Klaſſe, wenn ſein Name mit dem Buchſtaben A oder B beginnt; beginnt derſelbe jedoch mit einem anderen Buchſtaben, ſo kommt er in die 3. Wähler= klaſſe. Wir fragen wieder: Wo bleibt da Prinzip, Vernunft, Gerechtigkeit?

Zeigen die angeführten Beiſpiele, daß ſelbſt der Beſitz unter dem Drei= klaſſenwahlſyſtem mißhandelt wird, ſo geſchieht das mit der „Bildung“ genau ebenſo. Aus Bonn wird berichtet, daß der Oberbürgermeiſter, der Landrath und faſt ſämmtliche Profeſſoren der Univerſität in der 3. Klaſſe wählen. In Berlin, Cöln, Magdeburg, Halle, Aachen und den großen und mittleren Städten der Monarchie wählt der größte Theil der höheren Staatsbeamten, der Profeſſoren, Richter, Aerzte, Juriſten, höheren Lehrer, Schriftſteller in der 3. Wählerklaſſe, wohingegen Börſenjobber, glückliche Grundſtücksſpekulanten und reich gewordene Fleiſcher= und Bäckermeiſter, die den Dativ von dem Akkuſativ nicht zu unter= ſcheiden vermögen, oft in der 1. Klaſſe wählen.

In dem 58. Urwahlbezirk, den die Voßſtraße in Berlin bildet, gab es 189 Wahlberechtigte. In dieſer Straße wohnten der Reichskanzler, 3 Miniſter, 3 Geheimräthe und Räthe, 3 Rittergutsbeſitzer und Majoratsherren, 12 Geheime Kommerzienräthe ꝛc., neben einer Anzahl Bureau= und Kanzleibeamten, Köche, Kellner, Heizer und Portiers der erwähnten Herren. In dieſem Urwahlbezirk bildeten zwei Vertreter des Großhandels und der Großinduſtrie die 1. Wählerklaſſe. Vier Ver= treter des Großhandels und der Großinduſtrie und ein Rittergutsbeſitzer bildeten die 2. Wählerklaſſe. Alle übrigen Wähler, darunter der Reichskanzler, drei Miniſter, eine Anzahl Geheimer Kommerzienräthe, Bankiers ꝛc. bildeten mit ihren Kammerdienern, Lakaien, Köchen, Portiers, Heizern ꝛc. die 3. Klaſſe.

Von den 10 preußiſchen Miniſtern gehörten der Reichskanzler, der Miniſter= präſident Graf zu Eulenburg, der Vizepräſident Dr. v. Bötticher, der Juſtiz= miniſter, der Eiſenbahnminiſter und der Kultusminiſter in die 3. Wählerklaſſe, der Finanzminiſter Dr. Miquel, der Handelsminiſter und der Landwirthſchaftsminiſter in die 2. Klaſſe. Der Kriegsminiſter beſitzt als aktiver Soldat kein Wahlrecht. Von den wahlberechtigten 9 Miniſtern wählte nicht einer in der 1. Klaſſe.

Alles was in Berlin zur „Intelligenz“ ſich zählt, gehört mit den Arbeitern in die 3. Klaſſe. Die höchſten Staatsbeamten, die erſten Gelehrten, die bekannteſten Schrift= ſteller, die hervorragendſten Künſtler ſind faſt ohne Ausnahme Wähler der 3. Klaſſe.

So ſpricht die Praxis des Wahlſyſtems den Grundſätzen, die es zur Geltung bringen ſoll, vielfach Hohn und giebt das Syſtem und ſeine Vertheidiger der Lächerlichkeit Preis.

Dieſe Unnatur des Wahlſyſtems, verbunden mit dem Zwang zur öffentlichen Stimmabgabe hat auch veranlaßt, daß die Betheiligung bei den Wahlen von Wahl=

periode zu Wahlperiode gesunken ist. Und zwar im Gegensatz zum Reichstags
Wahlsystem, bei dem die Betheiligung der Wähler sich im Laufe seiner Geltun
bedeutend gehoben hat. Leider liegt für die Betheiligung der Wähler an de
Landtagswahlen eine genaue Statistik nur bis zum Jahre 1866 vor, wohingeg
für die Reichstagswahlen eine solche bis zum Jahr 1893 vorhanden ist.
In ganz Preußen wählten von je 100 Urwählern:

| | | | |
|---|---|---|---|
| 1849 | . . . 31,9 pCt. | 1861 | . . . 27,2 pCt. |
| 1855 | . . . 16,1 „ | 1862 | . . . 34,2 „ |
| 1858 | . . . 22,6 „ | 1863 | . . . 30,9 „ |
| | 1866 | . . . 31,5 pCt. | |

Die stärkere Wahlbetheiligung von 1862 bis 1866 ist auf die Konflikts
periode zurückzuführen. Seitdem ist die Wahlbetheiligung beständig gesunken. Da
ergiebt namentlich ein Blick auf die Berliner Landtagswahlen, die hierin typis
sein dürften. In Berlin wählten von je 100 Urwählern:

| | | | |
|---|---|---|---|
| 1849 | . . . 45,8 pCt. | 1867 | . . . 33,4 pCt. |
| 1855 | . . . 38,8 „ | 1873 | . . . 25,3 „ |
| 1858 | . . . 43,3 „ | 1876 | . . . 22,4 „ |
| 1861 | . . . 42,2 „ | 1879 | . . . 22,0 „ |
| 1862 | . . . 62,8 „ | 1882 | . . . 33,8 „ |
| 1863 | . . . 61,8 „ | 1885 | . . . 26,2 „ |
| 1866 | . . . 53,1 „ | 1888 | . . . 25,1 „ |
| | 1893 | . . . 14,5 pCt.*) | |

Diese Statistik bestätigt ebenfalls, daß die Wahlbetheiligung an den Landtags
wahlen während der Konfliktsperiode am stärksten war. Seitdem ist sie seh
erheblich gesunken. Kaum ein Siebentel der Wähler haben sich 1893 an de
Wahl betheiligt. Charakteristisch ist ferner, daß sowohl in Berlin wie im ganze
Lande die Betheiligung der dritten Wählerklasse die schwächste war, sie san
z. B. in Berlin von 61,1 im Jahre 1862 auf 11,5 im Jahre 1893. Aber di
Wahlbetheiligung war in Berlin selbst in der ersten Wählerklasse in einer Reih
Urwahlbezirken gleich 0. So erschien in 34 Urwahlbezirken kein Wähler erste
Klasse, in 166 Urwahlbezirken betheiligten sich nur je einer, und in 254 Urwahl
bezirken nur je zwei Wähler. In Urwahlbezirken dieser Kategorie sinkt die Wah
zur bloßen Ernennung herab. Gab es doch in Berlin 34 Urwahlbezirke, in welche
die erste Klasse überhaupt nur aus einem Wähler bestand, in 97 Bezirken bestan
sie aus zwei. Waren diese beiden Wähler verschiedener Ansicht über die vo
ihnen zu ernennenden Wahlmänner, so blieb nichts übrig, als die Namen de
Kandidaten auszuknobeln. In Magdeburg gab es 12 Urwahlbezirke mit j
einem Wähler erster Klasse und in 11 dieser Bezirke ernannte der Wähler zwe
Wahlmänner. Kann ein Gesetz lächerlicher gemacht werden, als es hier durch sein
eigenen Wirkungen wird?

---

*) Ein ganz anderes Bild zeigen uns die Reichstagswahlen, worüber uns
das „Statistische Jahrbuch" für das Deutsche Reich" belehrt. Das Resultat de
Wahlbetheiligung war in runden Summen:

| Jahr | Wahlberechtigte | Abgegebene Stimmen | pCt. |
|---|---|---|---|
| 1871 | . . . . 7 975 800 | 4 126 700 | 51,8 |
| 1874 | . . . . 8 523 400 | 5 190 300 | 60,9 |
| 1877 | . . . . 8 943 000 | 5 401 000 | 60,4 |
| 1878 | . . . . 9 128 300 | 5 760 900 | 63,1 |
| 1881 | . . . . 9 088 800 | 5 097 800 | 56,1 |
| 1884 | . . . . 9 383 100 | 5 663 000 | 60,4 |
| 1887 | . . . . 9 769 800 | 7 540 900 | 77,2 |
| 1890 | . . . . 10 145 900 | 7 228 500 | 71,2 |
| 1893 | . . . . 10 628 300 | 7 674 000 | 72,2 |

Ein Vergleich mit der Betheiligung an den preußischen Landtagswahlen
belehrt uns, daß bei den Reichstagswahlen von „Wahlmüdigkeit", die man dem
Volke andichtet, keine Spur ist. Die Wahlbetheiligung bei den Reichstagswahlen
wird in demselben Maße lebhafter, wie die Massen ihre Bedeutung begreifen.

Die Wahlbetheiligung bei den Dreiklassenwahlen wäre weit schwächer, müßten nicht viele abhängige Wähler, insbesondere Beamte, ihre Stimme abgeben, weil ihr Fernbleiben sonst übel vermerkt würde.

Welches Gewicht von den höheren Behörden auf die Wahlbetheiligung ihrer Untergebenen bei dem Dreiklassen-Wahlsystem gelegt wird, zeigt ein Erlaß des Eisenbahnministers vom 14. Februar 1894, der lautet:

Ministerium der öffentlichen Arbeiten.

Berlin, den 13. Februar 1894.

Die durch den Erlaß vom 19. v. M. — P. IV (I) 10 398 — ertheilte Ermächtigung, den bei der Eisenbahn beschäftigten Arbeitern für die durch Ausübung ihres Wahlrechts versäumte Arbeitszeit auch bei künftigen Wahlen eine Lohnvergütung zu gewähren, soll sich, wie ich der Königlichen Eisenbahn-Direktion auf den Bericht vom 3. d. M. — I A. 762 — erwidere, nur auf die Landtagswahlen beziehen. Für die Reichstagswahlen besteht zum Erlaß einer entsprechenden allgemeinen Anordnung kein Bedürfniß.

Der Minister der öffentlichen Arbeiten.

Der Schlußsatz des Erlasses spricht Bände. „Für die Reichstagswahlen besteht zum Erlaß einer entsprechenden allgemeinen Anordnung kein Bedürfniß", offenbar nur, weil die Reichstagswahlen mit geheimer Abstimmung vorgenommen werden, die Landtagswahlen aber mit öffentlicher Stimmabgabe. Und für die Wirkung der öffentlichen Stimmabgabe auf die Beamten haben die letzten Landtagswahlen, unter anderem in Berlin und Frankfurt a. M., seltsame Resultate ergeben. In denselben Bezirken, in welchen bei der Reichstagswahl so viele sozialdemokratische Stimmen abgegeben wurden, daß jeder Zweifel darüber ausgeschlossen war, daß auch zahlreiche Beamte sozialdemokratisch gestimmt hatten, wurden bei der Landtagswahl nur Stimmen für konservative oder antisemitische Wahlmänner abgegeben.

Die öffentliche Stimmabgabe wirkt einschüchternd, abschreckend und demoralisirend. Die große Zahl der Wähler, die sich wirthschaftlich und sozial in Abhängigkeit befindet, wird entweder auf die Wahlbetheiligung verzichten, oder wer gezwungen ist, wegen seiner Abhängigkeit dennoch seine Stimme abgeben zu müssen, wird wider seine bessere Ueberzeugung stimmen, um nicht geschädigt zu werden. So traten z. B. bei den Landtagswahlen die niederen Beamten fast Mann für Mann zur Wahlurne an. Sollte das aus Eifer und Interesse am preußischen Abgeordnetenhaus, in dem so wenig ihre Interessen grade durch Diejenigen vertreten werden, welchen sie öffentlich ihre Stimme geben, geschehen sein?

Daß die öffentliche Stimmabgabe einschüchtert und demoralisirt, ist eine so offenkundige Thatsache, daß sie Niemandem, der im praktischen Leben steht, entgehen kann. Dennoch wurde bei der Wahldebatte im preußischen Abgeordnetenhause im Jahr 1893 die öffentliche Stimmabgabe als allein „moralisch" vertheidigt, wohingegen die geheime Abstimmung die politische Heuchelei (!) begünstigen sollte.

Diese wunderbare, unglaublich klingende Behauptung stellte der konservative Abg. v. Tiedemann-Labischin auf, indem er auf die Thatsache hinwies, daß Eisenbahnbeamte bei der Reichstagswahl sozialdemokratisch, bei der Landtagswahl konservativ gewählt hätten. Natürlich fiel es dem freisinnigen Abg. Parisius leicht, dem konservativen Herrn nachzuweisen, daß er an einer Begriffsverwirrung leide und gerade die öffentliche Stimmabgabe zur politischen Heuchelei führe. Der Abg. Rickert wies nach, daß der frühere Minister Graf zu Eulenburg im Jahre 1876 in seinen Städteordnungs-Entwurf die geheime Abstimmung aufgenommen hatte und mit den Worten motivirte: „Der Entwurf folgt in diesem Punkte dem System des Reichstags-Wahlrechts vom 31. Mai 1869. Das diesem System zu Grunde liegende Motiv, die Wähler vor illegitimen Beeinflussungen und vor der nothwendigen Rücksichtnahme auf Personen und äußere Verhältnisse zu bewahren, trifft in verstärktem Verhältniß bei kommunalen Wahlen zu." Ferner erinnerte der Abg. Rickert an Friedrich Wilhelm III., der in der rheinisch-westfälischen Kirchenordnung von 1837 die geheime Abstimmung vorschrieb und diese mit den Worten begründete: „Bei dieser geheimen Abstimmung kann keine Influenzirung auf die Wähler eintreten, die Wahlen werden vielmehr der wahre Ausdruck der Herzensmeinung der Wähler sein." Nichtsdestoweniger wurde die öffentliche Abstimmung im preußischen Wahlgesetz auch nach der Wahlreform von 1893 aufrecht erhalten.

## Die Parteien im preußischen Landtag und die „Wahlreform."

Der Absatz 2 des Artikels 72 der preußischen Verfassung besagt:

„Das Nähere über die Ausführung der Wahlen bestimmt das Wahlgesetz, welches auch die Anordnung für diejenigen Städte zu treffen hat, in denen an Stelle eines Theils der direkten Steuern die Mahl- und Schlachtsteuer erhoben wird."

Dieses durch den Artikel 72 angekündigte „Wahlgesetz" existirt bis heute nicht, sondern es besteht nach wie vor die oktroyirte Wahlrechtsverordnung vom 30. März 1849, die man im Laufe der Jahrzehnte in einigen Punkten durch Gesetz abändern mußte, bis eine größere Abänderung im Laufe des Jahres 1893 vorgenommen wurde, auf die bereits in dieser Abhandlung des Oefteren Bezug genommen worden ist. Streng genommen besteht weder die Wahlordnung von 1849, noch die Verfassung, noch die Landesvertretung, Herrenhaus und Abgeordnetenhaus, zu Recht und sind von diesem Standpunkte aus alle Handlungen der letzteren rechtsungiltig.

Aber, wie schon erwähnt, es denkt heute fast Niemand mehr an diese Rechtsungiltigkeit und Niemand stützt sich auf dieselbe, indem er die Handlungen der Landesvertretung als rechtsungiltig verwirft.

Umsomehr war es Pflicht eines wirklichen Landesvertreters, als durch die einschneidenden Steuerreformen der letzten Jahre die Grundlagen des Dreiklassenwahlsystems noch mehr zu Gunsten des Kapitalismus verschoben wurden, als dies durch die kapitalistische Entwicklung der Gesellschaft in den mehr als vier Jahrzehnten seit Erlaß der Wahlverordnung schon geschehen war, auf ein neues Wahlgesetz zu dringen. Der einzige Abgeordnete, der dies mit Nachdruck that, war der frühere Minister des Innern, der Abgeordnete Herrfurth.

In der 5. Sitzung des Abgeordnetenhauses, am 21. November 1892, äußerte Herrfurth, nachdem er ausgeführt, daß die Wahlreform für die Wahlen zum Landtag und für die kommunalen Vertretungen erlassen werden müsse, damit verhindert werde, daß der plutokratische beziehentlich agrarische Charakter der Steuerreform im Wahlrecht zum Ausdruck komme:

„Hier soll die Formel „Veranlagung gleich Entrichtung" (es handelte sich um die Anrechnung der staatlich veranlagten, aber nicht gezahlten Grund-, Gebäude- und Gewerbesteuern in den Fällen, wo direkte Gemeindesteuern nicht entrichtet würden) Anwendung finden. Hier soll den Grund- und Gebäudebesitzern und Gewerbetreibenden nicht blos ihre Einkommensteuer — ich spreche vom Rechtszustand in dem größten Theile der Monarchie, wo bei den Kommunalwahlen auch die Kommunalsteuern in Anrechnung kommt*) — nicht blos die erhöhten Kommunalsteuern, nicht blos die neue Vermögenssteuer in Ansatz gebracht werden, sondern auch noch die fingirte bisherige Grund- und Gebäudesteuer.

„Meine Herren! Das heißt meines Erachtens die ganze Grundlage, auf der unser Dreiklassenwahlsystem beruht, zerstören. Das Dreiklassenwahlsystem geht davon aus, daß der Umfang der politischen Rechte in einem gewissen Grade bestimmt werden soll durch die Höhe der thatsächlichen Steuerleistungen

---

*) In der Rheinprovinz und Westfalen besteht die Selbstherrlichkeit der selbständigen Gutsbezirke seit der Franzosenzeit nicht mehr.

r öffentliche Zwecke. Damit würde es aber doch im direkten Widerspruch stehen, enn sich der Umfang des Wahlrechts nicht nach der Steuer, die Jemand entrichtet, ondern nach den Steuern, die ihm erlassen werden, bemessen soll."

Und Herrfurth schließt:

„Lieber eine Verzögerung um ein oder zwei Jahre, als eine Reform, welche zar nicht die Absicht (!), nach meinem Dafürhalten aber die Wirkung haben ürde, die Interessen der Gemeinden und kommunalen Verbände und die politischen echte der minder wohlhabenden Klassen den Interessen einzelner Klassen von efitzenden hintanzustellen, eine Reform, welche trotz der besten Absicht (!) Gefahr ufen würde, sich zu gestalten zu einer reformatio in pejus."*)

Hervorgehoben muß werden, daß Herrfurth ein Anhänger des Dreiklassen= ahlfystems ist, aber die Reform im plutokratisch-agrarischen Sinne ging ihm über den Strich. Daher warnte er auch in der Sitzung vom 13. Januar 1893, achdem er hervorgehoben hatte, daß schon im Jahre 1888 mehr als 000 Urwahlbezirke vorhanden gewesen waren, in welchen die Wahl= änner von 1 und 2 Wählern ernannt wurden, der plutokratische Charakter es Wahlrechts also schon damals ein sehr bedenklicher gewesen ist:

„Wir dürfen uns nicht verhehlen, die bloße Existenz des Reichstagswahl= echts ist eine schwere und dauernde Gefahr für das Dreiklassenwahlsystem."

Aber seine Warnungen und Rathschläge verhallten. Die Majorität war ntschlossen, unter allen Umständen ein Gesetz zu Stande zu bringen, das den eichen Klassen die Macht sicherte. Zwar stellte die freisinnige Fraktion unter ührung Rickert's den Antrag, das Reichstagswahlgesetz auch für die Landtags= ahlen einzuführen, aber dieser Antrag wurde so lau und lahm und in so ele= ischer Stimmung durch den Antragsteller vertheidigt, daß alle Welt sah, der ntrag wurde nur anstandshalber gestellt. Das rückte namentlich der freikonser= ative Abgeordnete Ahrendt den Freisinnigen vor. Die Antragsteller ließen es auch zu, aß ihr Antrag so rasch als möglich todtgeschlagen wurde, indem sie einwilligten, aß der Antrag, der ein Gesetzentwurf war, als Amendement zur Regierungs= orlage behandelt wurde — „um Zeit zu ersparen" — wodurch er mit einer bstimmung abgethan war. Auch die sonstige Haltung der Freisinnigen in den ommissions= und Plenarverhandlungen war eine sehr lahme. Sie betheiligten ch mit einem Ernst an der Amendirung der Regierungsvorlage, der zeigte, sie ürden herzlich gerne für eine solche „Reform" gestimmt haben, wäre ihnen dieses inigermaßen möglich gemacht worden. Im höchsten Grade traurig benahm sich as Zentrum in der Sitzung vom 13. Januar 1893. Sein Vertreter, der Ab= eordnete Bachem, begnügte sich, dem allgemeinen gleichen und direkten Wahlrecht inige platonische Komplimente zu machen. Er wolle auf diese Frage jetzt nicht ingehen, eine Diskussion darüber habe nur akademischen Werth. Da= egen legte er sich um so eifriger in's Zeug, um die 2000 Mk. Grenze bei der Ein= ommensteuer, über die hinaus diese Steuer für das Wahlrecht nicht in Anrech= ung kommen sollte, durchzusetzen.

„In meiner Vaterstadt Köln, rief er, wählen Landgerichtsräthe, Oberlandes= erichtsräthe und Landgerichtsdirektoren in der 3. Klasse. Wir haben hier in Berlin die Thatsache, daß die meisten Minister in der 3. Klasse wählen. Absolut nhaltbare Zustände. Es wird unser Bestreben sein müssen, diese Ele= ente für die 2. Klasse zu retten (das war also der Zweck und Kernpunkt er Reform des Zentrums. D. Verf.); dieselben gehören in die 2. Klasse inein! (Große Heiterkeit.)

„Meine Herren, ich hätte sagen können! sie gehören mindestens in die . Klasse hinein! (Heiterkeit.)

Welche Volksfreundlichkeit, welcher Radikalismus!

---

*) Reform zum Schlechteren, d. h. zu Gunsten des Geldsacks. — Die Sperrung er Sätze und die (!) rühren von uns her.

Der Verfasser.

In der Sitzung vom 13. März 1893 erklärte Herr Bachem weiter, daß die Vorlage, wie sie aus der Kommission vorliege, ein Kompromiß sei, an dem das Zentrum festhalte. Dieses Kompromiß bestand, wie wir hier wiederholen wollen, darin, 1. daß die Berechnung der direkten Steuern nach Zwölfteln — wie die Regierungsvorlage vorschlug — statt nach Dritteln für die einzelnen Wählerklassen vorgenommen werde, 2. daß die Einkommensteuer nur bis zum Satz von 2000 Mk. in Anrechnung komme, dagegen 3. die nicht entrichtete Grund=, Gebäude= und Gewerbesteuer in Orten, in welchen direkte Gemeindesteuern nicht erhoben würden, in Anrechnung gebracht werden sollten, und 4. die Bindung der Drei= markmänner in die 3. Wählerklasse stattfinde. Wie die Berechnung der Steuer nach dem Vorschlag der Regierung, $^{5}/_{12}$ des Gesammtsteuerbetrages für die 1. Klasse, $^{4}/_{12}$ für die 2. Klasse und $^{3}/_{12}$ für die 3. Klasse anzurechnen, in der Praxis gewirkt haben würde, wenn sie Gesetz geworden wäre, ergiebt die Probeberechnung, welche die Regierung hatte aufmachen lassen und die wir weiter oben mittheilten.

Betreffs des freisinnigen Antrages Rickert und Genossen erklärte Bachem, daß das Zentrum zwar für den Antrag stimmen, aber nicht für denselben sprechen werde. Man bereitete ihm ein stilles Begräbniß. In Konsequenz dieser Haltung vertheidigte er dagegen in der Sitzung vom 16. März 1893 die Kommissions= vorlage mit einem wahren Feuereifer gegen die Angriffe der Freisinnigen und des nationalliberalen v. Eynern, der namentlich die 2000 Mk. Grenze angriff.

Ein Antrag auf geheime Abstimmung hatte der Zentrumsabgeordnete Dasbach gestellt, er vertheidigte denselben aber äußerst matt. Als dann dieser Antrag in der Kommission gefallen war, ereiferte sich das Zentrum im Plenum nicht mehr für denselben. Einen ganz anderen Ton schlug aber Bachem gegen die Vorlage an, als das Herrenhaus die beiden dem Zentrum am Herzen liegen= den Beschlüsse, die Zwölftelung und die 2000 Mk. Grenze, verworfen hatte. Das war in der Sitzung vom 27. Juni 1893. Jetzt donnerte er:

„Das Wahlgesetz, wie es gegenwärtig in der Form des Herrenhauses vor= liegt, ist in unseren Augen geradezu eine Vergewaltigung der Mittelstände (sehr wahr! im Zentrum, Widerspruch rechts) und eine derartige Benachtheiligung des Wahlrechts der unteren Stände (das war die Vorlage auch in der Fassung, in welcher das Zentrum ihr zustimmen wollte. D. Verf.), daß wir an dieser Politik nicht betheiligt sein wollen." (Sehr richtig!)

Die Freundschaft zwischen Konservativen und Zentrum war damit wieder einmal aus. Man regalirte sich gegenseitig mit den schönsten Vorwürfen. Um= gekehrt waren die Nationalliberalen von der nunmehrigen Gestalt der Vorlage durch das Herrenhaus befriedigt und gaben derselben ihre Zustimmung, nachdem sie früher gegen dieselbe gestimmt hatten. Der Abgeordnete Gneist, dem der ver= storbene Kriegsminister v. Roon bereits 1868 im Norddeutschen Reichstag ins Gesicht sagte: „er sei der Mann, der Alles beweisen könnte", hatte schon in der Sitzung vom 13. Januar 1893 eine Rede gehalten, die ein wahrer Panegyrikus auf das Dreiklassenwahlsystem war und an der Vorlage gerühmt: „Das Beste an derselben sei ihm der Grundgedanke, wir wollen Alles beim Alten lassen."

Recht offenherzig sprach sich auch ·der Konservative von Heydebrand und der Lasa aus, welcher gegen den freisinnigen Antrag ausführte:

„Das gegenwärtige schlechte Wahlsystem ist mir viel lieber, tausendmal lieber als das, was der Abgeordnete Rickert will.*)

Und bei einer späteren Gelegenheit äußerte er: „Wir wissen, daß der Tag einmal kommen kann — und wir erleben ihn vielleicht noch —, wo wir in diesem festen und gesunden Einfluß des Mittelstandes, in dieser soliden Basis einen Damm haben gegen die umstürzlerischen Massen der im deutschen Reich durch das allgemeine Wahlrecht entfesselten Gewalt des vierten Standes.**)

---

*) Sitzung vom 13. Januar 1893.
**) Sitzung vom 13. März 1893.

Damit aber dem Ganzen die Krone und der Segen nicht fehle, äußerte sich auch der Ministerpräsident Graf zu Eulenburg. Er konstatirte wiederholt mit Genugthuung, daß die sehr große Mehrheit des Hauses (zu dieser sehr großen Mehrheit rechnet er offenbar auch das Zentrum. D. Verf.) gegen das all= gemeine Wahlrecht sei. Er konstatirte ferner mit Genugthuung, daß was die Kommunalwahlen anbetreffe, auch der Abgeordnete Meyer (Berlin) der gleichen Ansicht sei. Es habe sich weiter gezeigt, daß das Wahlsystem keineswegs so schlecht sei, als es vielfach dargestellt wurde. Darum ist er der Meinung, daß man ruhig abwarten könne, ob eine weitere Entwicklung dazu dränge, Aenderungen eintreten zu lassen. Er glaubt nicht an eine solche Entwick= lung, die bisher sich vielmehr in entgegengesetzter Richtung bewegt habe. „Eine Menge von Leuten sind von der Schwärmerei für das allgemeine, gleiche und geheime Wahlrecht zurückgekommen (sehr richtig! rechts) und ich bin der Meinung, daß diese Strömung noch lange Zeit fortdauern, immer mehr Festigkeit gewinnen wird, selbst auch nach der Richtung hin, in welcher unter den Gegnern dieses Wahlrechts hin und wieder eine Meinungsverschiedenheit besteht, nämlich in Beziehung auf die geheime Wahl."

Der Ministerpräsident spricht sich alsdann direkt gegen die geheime Wahl und zu Gunsten der öffentlichen Stimmabgabe aus, unter Billigung der Rechten und ohne von anderer Seite Widerspruch zu finden.*)

Diese Rede des preußischen Ministerpräsidenten läßt tief blicken. Ging es diesem nach, so wären sogar die Tage des Reichstagswahlrechts gezählt. Der gegenwärtige preußische Ministerpräsident erweist sich als ein noch schlimmerer Reaktionär als selbst sein Vorvorgänger, Graf Fritz zu Eulenburg, war.**) Jene Anschauungen brauchen bei ihm, als einem der Väter des Sozialistengesetzes und bei seiner Abstammung aus einer der ersten altpreußischen Junkerfamilien nicht zu überraschen. Aber es ist gut für das arbeitende Volk, zu wissen, wie die Männer denken, von denen es regiert wird. Das arbeitende Volk erzeugt erst die Werthe, welche die großen Herren in die Lage setzen, die hohen Steuersummen bezahlen zu können, auf Grund deren ihnen ihre Vorrechte gewährt werden.

Das muß immer wieder konstatirt werden.

Was der preußische Ministerpräsident ausführte, ist der geheime Gedanken= gang, der alle bürgerlichen Parteien beherrscht, mit Ausnahme eines sehr kleinen Theils der Anhänger der Parteien auf der Linken und im Zentrum. Das allgemeine gleiche und direkte Wahlrecht ist ihnen verhaßt, sie fürchten und ver= abscheuen es, allen voran die nationalliberale Partei, diese Vertretung einer feigen, charakterlosen und heuchlerischen Bourgeoisie. Bestände nicht die Scheu vor den Wählern, eine erhebliche Mehrheit aus den bürgerlichen Parteien beseitigte das jetzt bestehende Wahlrecht für den Reichstag lieber heute als morgen. Da man dies aber vorläufig nicht wagen kann, ohne eine Aufregung hervorzurufen, die in ihren Wirkungen unübersehbar ist, so beschränkt man sich darauf, zu verhindern, daß das allgemeine gleiche direkte und geheime Wahlrecht für die Landtagswahlen in den Einzelstaaten Giltigkeit erlangt.

Das Ende des neunzehnten Jahrhunderts steht im Zeichen der Reaktion. Man hüte sich, daß sie nicht ihren Antipoden, die Revo= lution, erzeugt.

---

*) Sitzung vom 14. Januar 1893.
**) Obige Zeilen wurden geschrieben, als der Graf zu Eulenburg noch im Amte war. Seitdem wurde er entlassen, aber bekannt ist worden, daß er im preußischen Ministerrath sehr weitgehende Pläne in Bezug auf die Abschaffung des allgemeinen Wahlrechts für die Reichstagswahlen entwickelte, die dort vorläufig noch keinen Anklang fanden.

# Das Wahlrecht in den deutschen Mittel- und Kleinstaaten.

Wie die große Mehrzahl der Mittel- und Kleinstaaten dem sogenannten „Staat des deutschen Berufs", Preußen, in Bezug auf konstitutionelles Leben und allgemeine bürgerliche Freiheit, der Zeit wie der Qualität nach, weit voraus war, so auch in Bezug auf die Gestaltung der Wahlrechte. Eine öffentliche Abstimmung, wie sie das elendeste und erbärmlichste aller bestehenden Wahlgesetze, das preußische Dreiklassen-Wahlsystem vorschreibt, giebt es in keinem der übrigen deutschen Staaten. Auch besteht in den Wahlgesetzen der meisten Einzelstaaten in Bezug auf die Zumessung des Wahlrechts für die in Frage kommenden Klassen mehr System und damit mehr Vernunft und Gerechtigkeit als im preußischen Dreiklassen-Wahlsystem, das in allen diesen Richtungen den Gipfel der Absurdität, der Unvernunft und Ungerechtigkeit erreicht hat.

Die Wahlsysteme sämmtlicher Mittel- und Kleinstaaten zu kritisiren, ist nicht nothwendig, es genügt für den Zweck dieser Schrift, eine Anzahl derselben, darunter diejenigen der Mittelstaaten, des Näheren zu beleuchten.

## Bayern.

In Bayern besteht wie in Preußen und in einer Reihe anderer Staaten damit der parlamentarische Fortschritt nicht in galoppirendes Tempo gerathen kann — eine Gefahr, welche die Natur unserer einzelstaatlichen „Volksvertretungen" schon von selbst ausschließt — neben der zweiten eine erste Kammer.

Die ersten Kammern, deren Zusammensetzung bereits erwähnt wurde, haben zweierlei Zweck. Einmal dienen sie als Bremsen, wenn die „Volkskammern" in ihren Forderungen zu anspruchsvoll werden, das andere Mal als Puffer, wenn es gilt, die Angriffe der zweiten Kammer auf die Regierungen abzuschwächen. Alle wichtigen Beschlüsse der „Volkskammern" müssen erst durch die ersten Kammern gutgeheißen werden, ehe sie der Regierung zur Genehmigung vorgelegt werden können. Daher sah der Liberalismus in seiner Jugendzeit, als er noch Ideale hatte und Kampflust besaß, die ersten Kammern stets mit sehr feindlichen Augen an, und eine seiner wesentlichsten Programmforderungen war:

### Beseitigung der ersten Kammern.

Im tollen Jahr, im Jahr 1848, gelang es ihm auch verschiedentlich, vorübergehend die ersten Kammern zu beseitigen, aber sie kamen wieder. Und heute hat der altersschwach und zahnlos gewordene Liberalismus sich so mit den ersten Kammern ausgesöhnt, daß er sie vielfach gegen die Forderung der Sozialdemokratie, sie zu beseitigen, vertheidigt. Sic transit gloria mundi.*)

Die Zahl der Abgeordneten für die zweite Kammer Bayerns wird bestimmt, so schreibt die Verfassung vor, nach der Bevölkerungszahl der einzelnen Regierungsbezirke, und zwar in der Weise, daß auf je 31 500 Einwohner ein Abgeordneter kommt. Bis zu anderweiter gesetzlicher Regelung ist das Ergebniß der Volkszählung vom 1. Dezember 1875 maßgebend. Eine Abgrenzung der Wahlkreise durch Gesetz fand bisher nicht statt. Die Regierung bildet die Wahlkreise, für welche das Gesetz vorschreibt, daß der einzelne Wahlkreis ein räumlich zusammenhängendes Ganze bilden soll, und daß kein Wahlkreis weniger als 28 000 Seelen zählen darf.

Die Regierung hat bei dieser Vollmacht es in der Hand, in großem Umfang Wahlkreisgeometrie zu betreiben, indem sie die einzelnen Wahlkreise ganz ungebührlich in die Länge oder in die Breite zieht oder sonst gruppirt, wie es ihrem Interesse entspricht. Die vorausgegangenen Wahlen geben ihr ein Bild der Stimmung der Bevölkerung in den verschiedenen Gegenden. Diese Wahlkreisgeometrie ist schon häufig Gegenstand der heftigsten Angriffe, namentlich seitens der Zentrumspartei gewesen, die sich durch dieselbe benachtheiligt sah. So erhob der Abgeordnete Jörg im Jahre 1875 gegen die Regierung die Anklage: „Die

---

*) So vergeht die Herrlichkeit der Welt.

Wahlkreisgeometrie, die sie übe, sei eine Vergewaltigung der großen Mehrheit des bayerischen Volkes." Und ebenso führte Grillenberger in einer seiner Reden in der Session des Landtages von 1893 auf 1894 eine Reihe drastischer Beispiele an, durch die er klar nachwies, daß die Wahlkreisgeometrie dazu diene, einen großen Theil der Wähler um sein Wahlrecht zu prellen. Einmal wird die Wahlkreisgeometrie im Großen betrieben bei der Abgrenzung der Wahlkreise, dann wieder im Kleinen innerhalb der Wahlkreise durch die Abgrenzung der Urwahlbezirke.

Obgleich nun diese Wahlkreisgeometrie offen zu Tage liegt und die schärfste Kritik herausfordert, auch Niemand dieselbe zu vertheidigen vermag, so konnten sich doch bisher die maßgebenden Parteien, Liberale und Zentrum, nicht über eine Wahlreform einigen. Diese bedeutet in Bayern eine Verfassungsänderung, die eine Zweidrittelmajorität der zweiten Kammer erfordert. Keine Partei will durch eine vom Gesetz festgelegte Wahlkreiseintheilung zu Schaden kommen, jede will vielmehr möglichst viel dabei herausschlagen, und bei diesem kleinlichen Kampf werden die wichtigsten Interessen des Volks hintangesetzt und die Regierung triumphirt. Neuerdings ist es, wie überall so auch in Bayern, die Furcht vor der Sozialdemokratie, welche die herrschenden Parteien nebst der Regierung abhält, eine Wahlreform vorzunehmen.

Die Wahl ist indirekt. Wahlberechtigt als Urwähler ist jeder volljährige über 21 Jahre alte) Staatsangehörige, der den Verfassungseid geleistet hat und dem Staate seit mindestens 6 Monaten eine direkte Steuer entrichtet. Für die Ausschließung vom Wahlrecht gelten die gleichen Bestimmungen, wie bei der Ausschließung vom Reichstagswahlrecht. Wahlmann kann nur werden, wer alle Bedingungen als Urwähler besitzt und mindestens das 25. Lebensjahr zurückgelegt hat. Die Wahlmänner haben vor der Wahl der Abgeordneten einen sogenannten Wählereid zu leisten. In Bayern sieht man offenbar das Wahlgeschäft als ein sehr frommes Geschäft an, zu dessen Verrichtung es erst der Leistung zweier Eide bedarf. Aehnliches existirt nirgends in Deutschland. Zum Abgeordneten kann gewählt werden, wer die Qualifikation als Urwähler besitzt und mindestens 30 Jahre alt ist.

Fast alle Einzelstaaten schreiben als wahlfähiges Alter für die Abgeordneten das vollendete 30. Lebensjahr vor, wohingegen für die Wahl zum Reichstagsabgeordneten — ohne Schaden für die Qualität derselben — das 25. Lebensjahr vorgeschrieben ist.

Die Qualifikation als Wahlmann oder Abgeordneter geht verloren, sobald eine der nöthigen Vorbedingungen verloren ist. Zur giltigen Wahl eines Abgeordneten ist die Anwesenheit von zwei Dritteln der Wahlmänner erforderlich. Die Wahl erfolgt durch absolute Majorität.

Zur Geschichte des jetzt bestehenden Wahlgesetzes sei Folgendes bemerkt. Im Jahre 1854 versuchte das reaktionäre Ministerium v. d. Pfordten, einen Gesetzentwurf, betreffend die Bildung der zweiten Kammer, durchzudrücken, der eine Rückrevidirung auf ständischer Grundlage bezweckte und die Ausübung vom Bekenntniß zur christlichen Religion abhängig machte. Aber dieser Gesetzentwurf erhielt nicht die nothwendige, für Verfassungsänderungen vorgeschriebene Zweidrittel-Majorität. Herr v. d. Pfordten versuchte es nun mit zweimaliger Auflösung der Kammer, aber die Opposition kam verstärkt zurück. Der Sturz des Ministeriums (1858) machte dem grausamen Spiel ein Ende.

Im April 1870 legte das Ministerium v. Braun der Kammer einen neuen Wahlgesetzentwurf vor, der als wesentliche Verbesserung die Einführung direkter Wahlen enthielt. Stimmberechtigt sollte jeder Staatsangehörige sein, der das 25. Lebensjahr vollendet hatte und eine direkte Staatssteuer entrichtete. Für die Wahl zum Abgeordneten war wie bisher das vollendete 30. Lebensjahr vorgesehen und wurde eine mindestens dreijährige Staatsangehörigkeit verlangt.

Der inzwischen ausbrechende Krieg gegen Frankreich ließ es zu keiner endgiltigen Entscheidung über den Entwurf kommen. Im Jahre 1874 brachte die

Regierung die Vorlage von Neuem ein, sie scheiterte aber an der Kammer, weil man sich über die Wahlkreiseintheilung nicht verständigen konnte. Darauf zog die Regierung die Vorlage zurück.

In den Jahren 1875/76, 1877, 1878 und 1879 folgten verschiedene Interpellationen beziehentlich Anträge für eine Wahlreform, die wiederum das Eine ergaben, daß die Kammer sich auch jetzt nicht über die Wahlkreiseintheilung, d. h. über die Vertheilung der Beute einigen konnte. Das Ende der Verhandlungen bildete die Erklärung der Regierung: daß sie für die Einführung direkter Wahlen nicht mehr zu haben sei! Das Sozialistengesetz war mittlerweile in Kraft getreten, das besagt Alles.

Der Wahlreformentwurf von 1881 änderte nur Nebensächliches und kam, da er obendrein Verschlechterungen enthielt, als Gesetz zu Stande.

Der Eifer der Kammer für eine Wahlreform war aber mittlerweile dermaßen abgekühlt, daß der Berichterstatter, der ultramontane Abgeordnete Daller, sich begnügen konnte, zu erklären:

„Es wird die künftige oder eine spätere Kammer wahrscheinlich das Ideal eines Wahlgesetzes, eines trefflicheren, das den Anforderungen entspricht, keineswegs aufgeben und ist sie auch jedenfalls durchaus nicht durch diese Gesetzesamendation verpflichtet, dieses Ideal aufzugeben."

Verlegener kann man sich kaum ausdrücken. Das Ganze war nur Phrase. Denn als volle zwölf Jahre später die sozialdemokratischen Abgeordneten, die mittlerweile in den Landtag eingedrungen waren, Daller und seinen Freunden Gelegenheit gaben, das „Ideal" eines Wahlgesetzes durch ihre Zustimmung verwirklichen zu helfen, stimmten Daller und Genossen dagegen.

Der Gesetzentwurf auf Einführung des allgemeinen, gleichen, direkten und geheimen Wahlrechts, den die Sozialdemokratie in der Landtagssession von 1893/94 im Münchener Landhause einbrachte, wurde von sämmtlichen Abgeordneten des Zentrums mit Ausnahme der Stimmen Dr. Schädler's und zweier seiner Freunde und gegen einen großen Theil der Stimmen der Liberalen abgelehnt.*)

Damit war auch im zweitgrößten deutschen Staat die Probe auf das Exempel gemacht, wie die bürgerlichen Parteien zum allgemeinen und direkten Wahlrecht stehen.

## Sachsen.

Die politische Bewegung, die nach den Jahren der Reaktion von 1849 bis 1859 mit dem Ausbruch des österreich-italienischen Krieges wieder begann und insbesondere die deutschen Einheitsbestrebungen zum Ausdruck brachte, fand auch in Sachsen einen fruchtbaren Boden. Hier verschmolz sich dieselbe mit einer gleichzeitig auftretenden Bewegung gegen das „System Beust" und die von diesem reaktivirten Ständekammern, deren Verfassung und Existenz mit dem weit vorgeschrittenen industriellen und ökonomischen Zustand des Landes in schroffem Widerspruch stand.

Das Jahr 1866 fegte das Ministerium Beust von der Bildfläche hinweg. Das Jahr 1867 brachte die Gründung des Norddeutschen Bundes und zwei Wahlen zum Norddeutschen Reichstag auf Grund des allgemeinen direkten Stimmrechts, und zwar für den konstituirenden Reichstag und die erste ordentliche Legislaturperiode desselben. Jetzt begriff man in Dresden, daß das Wahlrecht zur zweiten Ständekammer ein Anachronismus sei, und so wurde dasselbe im Jahre 1868 geändert. Aber obgleich von allen deutschen Ländern keines weniger eine künstliche Scheidung der Wahlkreise zwischen Stadt und Land rechtfertigte als Sachsen, das bereits schon damals auch auf dem Lande eine großindustrielle Entwick-

---

*) Ausführlicheres über die Geschichte des bayerischen Landtagswahlrechts siehe in der Broschüre: „Die bayerische Volksvertretung und das allgemeine, direkte Landtagswahlrecht" von Adolf Müller. München 1894. Verlag der „Münchener Post"

ż Bevölkerung mit städtischen Anschauungen und Interessen
dennoch diese Scheidung durch.
rde in 35 städtische und 45 ländliche Wahlkreise eingetheilt,
zug auf ihre Wählerschaft sehr ungleich geworden sind.
ihlkreise kaum 30000 Einwohner zählen, haben andere 70=
:r. Die einzige Aenderung, zu der man sich in dieser langen
r gewaltigen Zunahme der Bevölkerung herbeiließ, war, daß
irch die Einverleibung einer Anzahl Vororte auf weit über
inwuchs, zwei neue Abgeordnete zubilligte. Es wählt statt
Abgeordnete, und ist dadurch die Zahl der städtischen Ab=
3 von 35 auf 37 gestiegen.*) Eine Neueintheilung der Wahl=
ldemokratie zu Statten, deshalb unterläßt man sie also lieber.
r der Sozialdemokratie beherrscht eben heute die ganze Politik,
sondern auch in den Einzelstaaten.
immungen des sächsischen Landtagswahlrechts sind kurz folgende:
Landtag ist jeder Staatsangehörige, der das 25. Lebensjahr
mindestens 3 Mk. direkte Staatssteuer entrichtet, und zwar
: Grundsteuer oder beide zusammengerechnet. Der Einkommen=
. wird von einem Jahreseinkommen von 600—700 Mk. er=
:heblicher Theil der industriellen Bevölkerung im Erzgebirge,
in der Lausitz besitzt nicht dieses Einkommen, daher ist dieser
:schlossen.
Abgeordneten ist, wer das 30. Lebensjahr vollendet hat, seit
ren sächsischer Staatsangehöriger ist und mindestens 30 Mk.
entrichtet. Nach den offiziellen steuerstatistischen Uebersichten
ab es unter den 1 404 069 eingeschätzten Personen — von
:rfrei waren — nur 118 942, die den Zensus von 30 Mk.
ten. Dieser Zensus wird mit einem Einkommen von 2200
it. Unter den eingeschätzten Personen befinden sich aber auch
nd Frauen, deren Zahl nicht angegeben ist. Die Abgeordneten
ahre gewählt und scheidet alle zwei Jahre ein Drittel aus.
nden in den meisten anderen Einzelstaaten ebenfalls statt, sie
volkshygienischen Gründen angeordnet, damit bei Wahlen durch
r Ländchen nicht zu große Aufregung entsteht. Auch fürchtet
gleichzeitigen Wahl aller Abgeordneten einmal lauter Neulinge
en einrücken möchten und die ganze Regierungsmaschine ins
gute Deutsche ahnt gar nicht, wie väterlich seine Regierungen
wachen, ohne dabei das ihre zu vernachlässigen.
demokratische Abgeordnete in der zweiten Ständekammer zu
es ist seit dem Jahre 1877 der Fall, wurde von ihnen dreimal
.g des allgemeinen gleichen direkten und geheimen Wahlrechts für
:ingebracht. Auch versuchte man eine Neueintheilung der Wahl=
:ung der Scheidung der Wahlkreise in städtische und ländliche
3 ohne Erfolg. Das allgemeine, gleiche Wahlrecht, wie es
1848 in Sachsen eingeführt wurde, besteht zwar heute noch
unter dem Beust'schen Regiment war es die Panacee, um
hen Demokraten und Liberalen sich sammelten und dessen
forderten, aber das sind längst vergessene Zeiten.
jedem andern deutschen Lande hat in Sachsen die Sozial=
:breitet, und wie diese sich ausdehnte, wichen die bürgerlichen
Forderungen zurück und gaben sie schließlich gänzlich preis.
ntwicklung verschwand der linke Flügel in den bürgerlichen

lte 1868 ca. 2400000 Einwohner, 1890 bereits 3503000, rund
ig hatte Ende 1893 ca. 357000 Einwohner.

Parteien immer mehr, die Konzentration vollzog sich stetig nach rechts, bis schließlich sämmtliche bürgerliche Parteien, bis auf kleine abgesprengte Reste, sich zu einer großen Ordnungspartei, d. h. zu einem allgemeinen Parteibrei, gegen die Sozial= demokratie vereinigten, dessen einziger Zweck ist, diese zu bekämpfen.

Dieser Stand der Dinge kam auch bei der Berathung der erwähnten sozial= demokratischen Anträge zur Geltung. Sämmtliche bürgerliche Abgeordnete bis auf 1 oder 2 — die letzten Säulen aus der Glanzzeit vergangener Tage — stimmten gegen dieselben. Man ging noch weiter. Wagte man bisher nicht, das Landtags= wahlrecht zu verbösern, wozu die größte Last vorhanden ist, so verhunzte man nach Kräften das Landgemeindewahlrecht, das seine verhältnißmäßig freisinnige Grundlage seiner Entstehung in den dreißiger Jahren dieses Jahrhunderts zu verdanken hatte.

Der bürgerliche Liberalismus in Sachsen, darunter Vertreter der ehemalig republikanisch gesinnten Demokratie, fand im neunten Jahrzehnt dieses Jahrhunderts ein Gesetz zu freisinnig, das im vierten Jahrzehnt als eben genügend angesehen wurde. Diese Fortentwicklung nach rückwärts steht auf derselben Höhe mit dem Verlangen, das Vereins= und Versammlungsgesetz aus der schlimmsten Zeit der Beust'schen Aera, aus dem Jahre 1851, zu verschlechtern, obgleich gerade dieses Gesetz Jahrzehnte lang von den sächsischen Liberalen auf das entschiedenste als reaktionär bekämpft wurde. Und an der Spitze dieser Bestrebungen zur Verschlechterung des sächsischen Vereins= und Versammlungsgesetzes steht derselbe Prof. Karl Biedermann, der einst einer der Führer der Opposition gegen das Beust'sche Regi= ment war und deshalb von diesem seiner Professur entsetzt wurde.

Ist es verwunderlich, daß eine Partei, die solche Verräthereien sich zu Schulden kommen läßt, immer mehr der Verachtung des Volkes verfällt?

Die stetig stärker werdende Sozialdemokratie benimmt den bürgerlichen Parteien immer mehr den Verstand, und speziell ist es der National=Liberalismus, der vollständigem politischem Marasmus verfallen ist und nur noch Ekel und Ver= achtung erregt.

## Württemberg.

Die in der „Einleitung" zu dieser Schrift erwähnte Zusammensetzung der württembergischen zweiten Kammer auf Grund der Verfassung vom Jahre 1819, wonach dieselbe theils aus privilegirten, theils aus gewählten Abgeordneten der sogenannten „sieben gute Städte" und der 63 Oberamtsbezirke zusammengesetzt wurde, besteht bis heute fort.

Die Revolutionsjahre brachten auch Württemberg ein neues Wahlgesetz mit allgemeinen direkten Wahlen (1. Juli 1849) an Stelle des bisher bestehenden beschränkten und indirekten Wahlsystems mit öffentlicher Stimmabgabe. Aber die Kammer, die aus diesen Wahlen hervorging, war nicht im Sinne der Regierung zusammengesetzt; sie gerieth mit letzterer sofort in Konflikt und wurde schon am 22. Dezember 1849 aufgelöst. Die neugewählte Kammer war aber noch demo= kratischer als die heimgeschickte, und so währte auch der Frieden mit ihr nicht lange. Am 6. November 1850 wurde auch sie aufgelöst, und nun berief das Ministerium wieder die alte Ständekammer auf Grund des alten Wahlgesetzes und erklärte die Verfassung von 1819 wieder in vollem Umfang für gültig. Es wiederholte sich hier dasselbe Schauspiel wie in Sachsen. Die Reaktion, sobald sie sich in der Macht wußte, trat Recht und Gesetz mit Füßen und vollzog den Staatsstreich.

Eine Aenderung erfuhr das veraltete Wahlsystem erst im Jahre 1868 — im gleichen Jahre wie in Sachsen — indem jetzt direkte und geheime Stimm= abgabe, sowie das allgemeine gleiche Wahlrecht für die Wahl der Abgeordneten der Städte und Oberamtsbezirke eingeführt wurde. Weitere Abänderungen, die eine Erleichterung des Wahlverfahrens in Bezug auf die Stimmabgabe herbei= führten, brachte das Jahr 1882.

Das Verfahren bei der Wahl und die Zusammensetzung der Mitglieder der zweiten Kammer ist gegenwärtig in der Hauptsache folgendes: Die 13 Mitglieder des ritterschaftlichen Adels werden von diesem aus seiner Mitte gewählt. Die übrige Wählerschaft besteht aus 143 Stimmen, so daß jeder Abgeordnete durchschnittlich 11 Stimmen vertritt. Ferner sind die sechs protestantischen Generalsuperintendenten (Prälaten) Mitglieder der Kammer kraft ihres Amtes, ebenso der katholische Landesbischof, der der Amtszeit nach älteste Dekan des Domkapitels und der Kanzler der Landes-Universität. Weiter wählt das Domkapitel für die Kammer ein Mitglied aus seiner Mitte. Zu diesen Vertretern der Privilegirten kommen die Vertreter der „sieben guten Städte" (Stuttgart, Tübingen, Ludwigsburg, Ellwangen, Ulm, Heilbronn und Reutlingen) und die Abgeordneten der Oberamtsbezirke, die sämmtlich auf Grund des allgemeinen gleichen und direkten Wahlrechts gewählt werden.

Württemberg ist also das einzige deutsche Land, dessen Landesvertreter zum größten Theil auf Grund eines wirklich demokratischen Wahlrechts gewählt werden. Es ist hierin den „Republiken" Hamburg, Bremen und Lübeck weit voraus. Wähler für die 70 aus der Volkswahl hervorgehenden Abgeordneten ist jeder Staatsangehörige, der das 25. Lebensjahr vollendet hat. Wählbar zum Abgeordneten ist jeder Württemberger, der 30 Lebensjahre zurückgelegt hat. Die Abgeordneten der ersten wie der zweiten Kammer erhalten Tagegelder in Höhe von 10 Mk. und freie Eisenbahnfahrt. Es ist ein Charakteristikum, das nur in Deutschland vorhanden ist, daß die Abgeordneten sämmtlicher Landtage, die fast sämmtlich nach beschränkten Wahlrechten gewählt werden, Tagegelder beziehen, wohingegen den nach einem demokratischen Wahlrecht gewählten Vertretern zum Deutschen Reichstag diese Tagegelder vorenthalten werden. Der Grund ist nicht weit zu suchen, er ist abermals: Furcht vor der Sozialdemokratie.

Die Wahlkreise für die Volksabgeordneten sind sehr ungleich. So wählt Ellwangen mit ca. 4600 Einwohnern einen Vertreter, und Stuttgart mit 140 000 Einwohnern ebenfalls. Stuttgart allein hat 20 000 Einwohner mehr als die übrigen 6 „guten Städte" zusammengenommen. Das Oberamt Spaihingen mit ca. 17 400 Einwohnern wählt ebenso einen Vertreter wie das Oberamt Neustatt mit ca. 47 000 Einwohnern.

Dem Drängen nach einer Wahlreform, durch die man eine Beseitigung der Privilegirten in der zweiten Kammer und eine gleichmäßige Eintheilung der Wahlkreise erwartet, suchte die Regierung durch einen Entwurf entgegenzukommen, den sie dem Landtag in der Session von 1894 vorlegte. Nach diesem Entwurf sollte die erste Kammer um 12 Mitglieder vermehrt werden. Der Konservatismus dieser aus zweifelreinsten Konservativen zusammengesetzten Kammer sollte also zwölf neue Stützen erhalten. Dagegen sollte die zweite Kammer nur um zwei Mitglieder vermehrt werden. Die „Reform" der zweiten Kammer dachte sich die Regierung also: Die Vertreter der Ritterschaft sollten von 13 auf 8, die Prälaten von 6 auf 4, die Vertreter der katholischen Kirche von 3 auf 2 herabgesetzt werden. Dagegen sollten als neue Privilegirte im modernen Sinne Sitz und Stimme erhalten: ein Vertreter der technischen Hochschule, ein Vertreter der landwirthschaftlichen Gauverbände und drei Vertreter der Handels- und Gewerbekammern. Stuttgart sollte statt eines vier Abgeordnete erhalten, im Uebrigen sollte Alles beim Alten bleiben.

Diese „Wahlreform, mit der man den verschiedenen Richtungen in der Kammer gerecht werden wollte, befriedigte nach keiner Seite, und so verfiel sie dem verdienten Schicksal, sie wurde abgelehnt.

## Baden.

Das Großherzogthum Baden hat vom Jahre 1818 an bis zum Jahre 1848, während welcher Zeit es eine Ständevertretung besaß, mehr parlamentarische Kämpfe durchzumachen gehabt als irgend ein anderes Land Deutschlands.

Baden spielte deßhalb in diesem Zeitraum in der öffentlichen Meinung Teu[t]
lands eine Rolle, die weit über seine geographische Bedeutung und polit[ische]
Machtstellung hinausging. Das Verhalten seiner Landesvertreter wurde an[ge]
wärts vielfach als Muster und nachahmenswerthes Beispiel angesehen. S[ie]
fanden auch die Revolutionsjahre (1848 und 1849) in Baden einen beson[ders]
vorbereiteten Boden. Das Jahr 1848 brachte dem Lande eine große Zahl
Reformgesetzen und den Ausbruch zweier republikanischer Aufstände im April [und]
September. Eine noch größere republikanische Schilderhebung folgte im Früh[jahr]
1849, aber eine Aenderung der Verfassung und des Wahlgesetzes fand nicht [statt]
Nach der blutig niedergeschlagenen Revolution und den bekannten Standrechtelun[gen]
zu Mannheim, Rastatt und Freiburg traten im März 1850 die Kammern, gewo[hnt]
nach dem unveränderten Wahlgesetz, wieder zusammen.

Die Verfassung vom 22. August 1818 und die Wahlordnung v[om]
23. Dezember 1818 wurde erst durch ein Gesetz vom 25. August 1876 und d[ie]
Verordnung vom 2. Juli 1877, betreffend die Vornahme der Wahlmännerwah[l]
bei den Wahlen der Abgeordneten der zweiten Kammer, etwas verändert und [er]
gänzt. Eine Aenderung der Grundlagen des Wahlrechts führten diese M[aß]
nahmen nicht herbei.

Die zweite Kammer besteht noch heute wie vom Anfang der Verfassung
aus 63 Abgeordneten der Städte und Aemter. Die Wahl ist indirekt. Die [Ab]
geordneten werden durch Wahlmänner gewählt. Stimmfähig sind alle Staa[ts]
bürger, die das 25. Lebensjahr zurückgelegt haben in dem Wahlbezirk, in dem [sie]
ihren Wohnsitz haben. Zum Abgeordneten kann gewählt werden, wer das 30. Lebe[ns]
jahr zurückgelegt hat und die Wählbarkeit als Wahlmann besitzt. Die Abgeordne[ten]
werden auf vier Jahre gewählt, alle zwei Jahre scheidet die Hälfte aus.

Vom Wahlrecht und der Wählbarkeit ausgeschlossen sind: Entmündigte od[er]
Mundtodte; Personen, die in Konkurs sind, während der Dauer des Verfahren[s];
Personen, die aus öffentlichen Mitteln Armenunterstützung beziehen oder im letz[ten]
der Wahl vorausgegangenen Jahr bezogen haben; Personen, welche das Wa[hl]
recht oder die Wählbarkeit in Folge strafrichterlichen Urtheils verloren haben.

In der Frühjahrssession 1894 brachten Abgeordneten des Zentrums u[nd]
der Freisinnigen Anträge ein, die auf die Einführung direkter Wahlen und ei[ne]
neuen Wahlkreiseintheilung gerichtet waren. Der nationalliberale Abgeordn[ete]
Fieser ging weiter und beantragte die Einführung der Proportionalwahlen, „o[b]
gleich er die Ueberzeugung habe, daß alsdann seine Partei nie mehr die Meh[r]
heit in der Kammer erhalten werde", die sie bisher gehabt hatte. Das ist ei[ne]
bei einem Nationalliberalen beispiellose Selbstaufopferung, die anerkannt werd[en]
muß. Am 22. Juni 1894 beschloß die Kammer mit allen gegen acht Stimm[en]
(5 nationalliberale, 2 konservative und 1 vom Zentrum) Einführung direkt[er]
Wahlen nach dem Proportionalwahlsystem, ferner größere Sicherung des Wa[hl]
geheimnisses. Diese Beschlüsse machen der badischen zweiten Kammer alle Ehr[e]

Mit 31 gegen 29 Stimmen erklärte sich die Kammer ferner für eine ne[ue]
Wahlkreiseintheilung unter der Voraussetzung direkter Wahlen. Die Regieru[ng]
verhielt sich diesen Beschlüssen gegenüber ablehnend.

## Hessen.

Die Revolutionsjahre hatten auch für Hessen die Wirkung, daß das Lan[d]
ein neues Wahlgesetz erhielt, auf Grund dessen die Wahlen allgemeine und direk[te]
waren. Für die Wählbarkeit in die erste Kammer wurde ein mäßiger Zensu[s]
festgesetzt. Aber die Lebensdauer dieses Gesetzes war nur eine kurze. Der ne[u]
gewählte Landtag gerieth mit dem Ministerium in heftige Konflikte und diese[s]
folgte dem Beispiel der Regierungen in den größeren Staaten und löste de[n]
Landtag, Ende September 1850, auf. Eine Verordnung, zu deren Erlaß d[ie]
Regierung ebenso wenig wie anderwärts eine gesetzliche Vollmacht besaß, dekretir[te]
eine neue Wahlordnung, auf Grund deren eine Kammer gewählt wurde, die ei[ne]

&5 Wahlgesetz berieth und beschloß. Das von dieser Kammer beschlossene Wahl=
gesetz ist bis heute noch in Kraft.

Darnach besteht die hessische zweite Kammer aus 50 Abgeordneten, von
denen 10 die größeren Städte (Darmstadt und Mainz je 2, Gießen, Offenbach,
Worms, Alzey und Bingen je 1) wählen und die 40 anderen das übrige Land
wählt. Von diesen 40 Abgeordneten kommen 17 auf die Provinz Starkenburg,
23 auf Oberhessen, 10 auf Rheinhessen.

Die Wahlen sind indirekt. Urwähler ist jeder hessische Staatsangehörige, der seit
mindestens 3 Jahren im Lande wohnt, seit Beginn des Jahres, in dem die Wahl statt=
findet, eine Einkommensteuer entrichtet und das 25. Lebensjahr zurückgelegt hat. Für
Ausschluß von der Wahl gelten die gleichen Bestimmungen wie im Reichswahlgesetz.

Als Wahlmann kann gewählt werden, wer die Bedingungen als Urwähler
erfüllt, außerdem in der Gemeinde, in der er aufgestellt wird, stimmberechtigt ist und
direkten Staatssteuern jährlich mindestens 17 Mk. bezahlt. Zum Abgeordneten
kann jeder stimmberechtigte Urwähler gewählt werden. Die Wahl der Wahlmänner
und der Abgeordneten erfolgt alle 6 Jahre. Der Antrag auf Einführung des allgemeinen
gleichen und direkten Wahlrechts ist mehrfach von den ultramontanen Abgeordneten
der Kammer gestellt worden, fand aber an der nationalliberalen Mehrheit stets
seine Gegner. Seltsamer Zustand. In Preußen und Bayern verhalten sich die
Zentrumsabgeordneten gegen das allgemeine Stimmrecht gleichgültig oder direkt feind=
lich, in Hessen stimmen sie für dasselbe. Das Geheimniß dieser widersprechenden
Haltung ein und derselben Partei in den verschiedenen Landtagen liegt darin, daß man
nicht nach Prinzipien und Grundsätzen handelt, sondern nach Gründen der Opportunität
(Zweckmäßigkeit). In Preußen und Bayern hat das Zentrum durch Gewährung
des allgemeinen Stimmrechts nichts zu gewinnen, sondern kann nur an die Sozial=
demokraten verlieren, außerdem will es dieselben aus den Kammern fernhalten.
Hessen hofft umgekehrt das Zentrum durch das allgemeine Wahlrecht zu gewinnen.
Es zeigt sich auch hier wieder, daß die einzige Partei, die wirkliche Prinzipien=
politik betreibt und feste Grundsätze für ihr Handeln maßgebend sein läßt, die
sozialdemokratische ist.

## Braunschweig.

Im Jahre 1830 machten die guten Braunschweiger einen Aufstand, der die
Verjagung des Herzogs Karl bewirkte, worauf sein Bruder die Regierung über=
nahm. Der verjagte Herzog erließ darauf am 7. September eine Proklamation,
in der er das Versprechen gab, das allgemeine Wahlrecht einzuführen. Es half
nichts. 1832 trat eine Verfassung in Kraft, auf Grund welcher der Landtag
aus 10 Abgeordneten der Ritterschaft, 12 Deputirten der Städte, 10 der Land=
bewohner und 16 Abgeordneten der drei Standesklassen bestand.

Das Jahr 1848 änderte diese Einrichtungen dahin ab, daß die Städte
6 Wahlkreise bildeten mit je 2 Abgeordneten, und die Landgemeinden 18 Wahl=
kreise, von welchen 16 ebenfalls je 2 Abgeordnete wählten. Der eine Abgeordnete
des Wahlkreises wurde von sämmtlichen Stimmberechtigten (Wähler war jeder
über 25 Jahre alte unbescholtene Braunschweiger) nach gleichem und direktem
Wahlrecht gewählt, den zweiten Abgeordneten wählten die Höchstbesteuerten. Diese
waren wählten im ganzen Lande 26 von 64 Abgeordneten.

Die Reaktionsjahre brachten auch für Braunschweig einen Rückschritt. Im
November 1851 hob der Landtag selbst auf Antrag der Regierung das alte Wahl=
gesetz auf und schuf ein neues, das noch heute in Geltung ist. Darnach besteht
der Landtag aus 46 Abgeordneten, von welchen die Städte 10, die Landgemeinden
12, die Höchstbesteuerten 21 und die Geistlichkeit der evangelischen Kirche 3 wählt.
Die beiden letztgenannten Wahlkategorien, eine winzige Minorität der Bevölkerung,
wählen also die Mehrheit des Landtages. Damit aber ja kein oppositioneller
Vertreter in die Landesvertretung eindringen kann, wurde weiter bestimmt, daß die
Vertreter der Städte und Landgemeinden durch indirekte Wahl gewählt werden.

Außerdem werden die Wähler der Städte in drei Klassen eingetheilt, nach Hö
der Gemeindesteuer, die sie entrichten, und wählt jede Klasse ein Drittel der Wal
männer. Die gleiche Eintheilung findet bei den Wählern der ländlichen Gemeind
statt, mit denen noch die Besitzer von Gütern, Gehöften, Wohnhäusern, Fabrik
Hütten, Salinen, Gruben 2c., soweit diese selbständig für sich bestehen, wähle
     Braunschweig hat also ein Wahlsystem, das sich würdig dem preußischen
die Seite stellt, ja es in mehrfacher Hinsicht an Komplizirtheit des Wahlverfahre
und Destillirfähigkeit der Wählerschaft noch übertrifft. Die große Masse der Steue
zahler ist, auch wo sie ein Scheinwahlrecht besitzt, vollkommen machtlos und thc
sächlich rechtlos.*)

## Hamburg.

     Die „Republik" Hamburg — man verzeihe diese Bezeichnung — hat bi
her sich eine Verfassung bewahrt, die einer noch im ständischen Wesen versunken
Monarchie zur Ehre gereichte. Aehnlich steht es mit ihren Schwestern, d
„Republiken" Bremen und Lübeck. Die Plutokratie dieser Republiken hat es bi
her meisterhaft verstanden, sich ausschließlich in der Macht zu behaupten, w
allerdings nur möglich war durch die Staatsgebilde in ihrer Umgebung, die dir
und indirekt zu dieser Konservirung beitrugen.

     Im Jahre 1712 kam unter der Herrschaft des Standrechts und währe
der Besetzung Hamburgs durch eine kaiserliche Armee, die in Folge inner
Streitigkeiten in die Stadt geführt worden war, eine „provisorische" Verfassu
zu Stande, die volle anderthalb Jahrhunderte, bis 1859, in Geltung w
Patrizier und protestantische Geistlichkeit regierten während dieser Zeit die Sta
und theilten sich in die Annehmlichkeiten, welche die Beherrschung eines reich
Gemeinwesens wie Hamburg mit sich bringt. In der Zeit der Sturmfluth v
1848/49 trat auch in Hamburg eine aus allgemeinen direkten Wahlen der
sammten Bürgerschaft hervorgegangene konstituirende Versammlung zusammen, u
eine demokratische Verfassung zu berathen. Aber als diese fertig war, ha
die Reaktion wieder Oberwasser gewonnen. Unter dem Schutze der preußisch
Bajonette, die Hamburg wegen der Schleswig-Holsteinischen Wirren mit Tänem
besetzt hatten, verweigerte der Senat die Annahme der Verfassung und setzte ei
Neunerkommission ein, die das Rückwärtsrevidiren mit Eifer besorgte.

     Die Wirkungen der großen Handelskrise von 1857 und der Anstoß, t
durch die Veränderungen in Preußen kam — Uebernahme der Regierungsgew
durch den Prinzregenten und Einsetzung eines liberalen Ministeriums — führt
endlich eine Revision herbei, die allerdings keine „grundstürzende" war. Weit
unbedeutende Aenderungen traten 1879 ein.

     Heute besteht in Hamburg Folgendes zu Recht. Um Wähler zu sein,
nügt nicht die Staatsangehörigkeit, der Staatsangehörige muß auch Bürger se
und entsprechende Steuern entrichten. Das noch bestehende Bürgerrechtsge
stammt aus dem Jahre 1864 und erfordert die Leistung einer Gebühr v
30 Mk. von jedem Staatsangehörigen, der das Bürgerrecht erlangen will.
nun die Staatsangehörigkeit ohne Bürgerrecht keinen Werth hat, andererseits
Ausübung des Gewerbetriebes nach der Reichsgesetzgebung von der Staa
angehörigkeit nicht abhängig gemacht werden kann, ist das Streben, Hamburg
Staatsangehöriger zu werden, für die Zugewanderten ein sehr geringes.
Weiteren schreckt die Bürgerrechtsgebühr von der Gewinnung des Bürgerrech
ab, da letzteres Minderbemittelten nur beschränkte Rechte gewährt. Die Wirku
dieses Zustandes ist, daß nahezu die Hälfte der Einwohner des Hamburger Staa
gebiets Ausländer sind, darunter nach der Volkszählung von 1890 allein 1500
Preußen, und daß die Zahl der Bürger von Jahr zu Jahr sinkt.

*) Näheres über die Braunschweiger Zustände und die ganze Entwicklu
des Landes enthält: Richard Calwer: Das braunschweigische Volk und se
politische Vertretung. Braunschweig 1894. A. Günther.

In dem Zeitraum von 1865—1875 hatte die Zahl der Hamburger Bürger bereits um 4000—5000 abgenommen; sie betrug weiter:

1875: 33 726  1879: 30 856  1880: 30 856  1892: 23 645

Um das Aussterben der Bürger zu verhindern, wurde die Bestimmung getroffen, daß Staatsangehörige mit über 3600 Mk. Einkommen das Bürgerrecht erwerben müssen. Diese Bestimmung verhindert aber nicht die rapide Abnahme der Zahl der Bürger bei beständig wachsender Bevölkerung.

Am 1. Dezember 1890 hatte Hamburg als Staat rund 622 000 Einwohner, darunter 152 000 Steuerzahler. Die Bürgerschaft zählt aber, wie angeführt wurde, wenig über 23 000 Köpfe und ist in Bezug auf das Wahlrecht in drei Klassen eingetheilt. Einmal wählen sämmtliche Wahlberechtigte zur „Bürgerschaft": 80 Abgeordnete. Weiter wählen ca. 6000 stimmberechtigte Grundeigenthümer, die sich ausschließlich aus der Stadt und den Vororten rekrutiren — die ländlichen Grundbesitzer sind ausgeschlossen — 40 Abgeordnete. Endlich wählen die sogenannten Notabeln: Richter, Handelsrichter, Mitglieder der Vormundschaftsbehörde, ebenfalls 10 Abgeordnete. Die beiden letzten Wahlkategorien haben ein doppeltes Wahlrecht, sie wählen erst mit der Gesammtheit der Bürgerschaft und dann noch als Grundeigenthümer oder Notabeln. Bei diesem wunderbaren und einzigen Wahlsystem, bei dem auch noch die in der Verwaltung sitzenden Personen selbst einen Theil „der Bürgerschaft" wählen, die zur Kontrolle ihrer Handlungen bestimmt ist, befanden sich unter 160 Bürgerschaftsmitgliedern ca. 130 Grundeigenthümer.

Das aktive Wahlrecht ist an das vollendete 25. Lebensjahr, das passive Wahlrecht – das Recht gewählt zu werden — an das vollendete 30. Lebensjahr gebunden, außerdem muß der Bürger, der gewählt werden will, seit mindestens drei Jahren seinen Wohnsitz oder seinen Geschäftsbetrieb im Staatsgebiet haben.

Man begreift hiernach auch die traurigen sanitären Zustände, die sich bei der Choleraepidemie des Jahres 1892 in Hamburgs Straßen und Wohnungen herausstellten. Das Grundeigenthümerinteresse widerstrebt allen Maßregeln und Reformen, die Kosten verursachen. Und ohne Kosten sind Reformen unmöglich.

Die Vertheilung der politischen Rechte auf die Zahl der Steuerzahler ergiebt folgendes Resultat:

129 000 Steuerzahler besitzen ein Wahlrecht  0
16 400  „  „  „  „  1
6 000  „  „  „  „  3
300  „  „  „  „  20
300  „  „  „  „  22

1880 betrug die Zahl der Steuerzahler, die Wahlrecht besaßen, noch 26 pCt., 1890 nur noch 15 pCt. der Steuerzahler. Im Jahre 1891 vertheilte sich das Einkommen auf 25 903 Bürger also:

9850 hatten ein Einkommen  über 3600 Mk.
4339  „  „  „  von 2000—3600  „
9156  „  „  „  600—2000  „

2260 versteuerten kein Einkommen, weil sie ein solches unter 600 Mk. besaßen oder mit der Steuer im Rückstand waren.*)

Im Laufe der Jahre wurden mehrfache Versuche gemacht, diese unhaltbaren Zustände zu ändern. Es wurden Anträge gestellt auf Aufhebung der Bürgerrechtsgebühren und Ertheilung des Wahlrechts an alle Staatsangehörigen. Andere Anträge gingen dahin, das Wahlrecht auf diejenigen Staatsangehörigen zu beschränken, die 1200 oder 1500 Mk. Einkommen besäßen.

Zweimal, und zwar im Jahre 1872 und 1883, hat ein aus der „Bürgerschaft" gewählter Ausschuß beschlossen, zu empfehlen, das Wahlrecht allen steuerzahlenden Staatsangehörigen zu gewähren. Aber beide Male ließ das Plenum seinen Ausschuß im Stich.

---

*) Das Bürgerrecht im Hamburgischen Staate von Dr. Trümert, 3. Auflage, herausgegeben von M. Deutschländer, 1893.

Der Sturm der öffentlichen Entrüstung, den die während der Cholera=
periode zu Tage getretenen Mißstände in der Staatsverwaltung in der Ein=
wohnerschaft Hamburg's und weit über Hamburgs Grenzen hinaus hervorgerufen
hatte, brachte die Reformbewegung von Neuem in Fluß. Insbesondere war es
die Sozialdemokratie, die auf Umgestaltungen drängte, die Aufhebung der Bürger=
rechtsgebühren und die Zulassung jedes volljährigen Staatsangehörigen zur Wahl
der Bürgerschaft verlangte. Es wurde seitens der Bürgerschaft abermals eine
Kommission eingesetzt, welche nach langen Verhandlungen endlich einen Bericht
über die Reform der Verhandlungen zu Stande brachte. (April 1894.)

In diesem Bericht schlug die Mehrheit der Kommission vor, die Bürger=
rechtsgebühr zwar aufzuheben, aber nur unter der Voraussetzung, daß die kosten=
lose Erwerbung des Bürgerrechts nur solchen volljährigen hamburgischen Staats=
angehörigen zustehen solle, die seit mindestens fünf Jahren ansässig gewesen sind
und außerdem von einem Einkommen von mindestens 1500 Mk. Einkommensteuer
bezahlten. Eine Minorität wollte den Einkommensatz auf 1000 oder 1200 Mk. er=
mäßigen. Des weiteren sollten Hamburger, die noch keine fünf Jahre im Staatsgebiet
wohnten oder kein Einkommen von 1500 Mk. versteuerten, das Bürgerrecht durch
Leistung einer Gebühr von 30 Mk. nach wie vor erwerben können.

Die Kommission erklärt zur Begründung ihrer Vorschläge, es gelte, „un=
geeignete Elemente" aus der Bürgerschaft fern zu halten. Nur „Bürger" besäßen das
rechte Interesse am Gemeinwesen und dazu gehöre nicht nur ein gewisses urtheils=
fähiges Alter und bürgerliche Unbescholtenheit, sondern auch mehrjährige An=
wesenheit und die Fähigkeit, einen eigenen Hausstand in einigermaßen gesicherter
Weise zu begründen und zu erhalten.

Diese Vorschläge entsprechen ganz dem, was man von einer in der Herr=
schaft sitzenden Klasse erwarten kann. 1892 waren die „ungeeigneten Elemente"
sehr geeignet, Samariterdienste zu leisten und die Stadt zu retten von der Lotter=
wirthschaft der privilegirten Klassen, zum „Bürger" sind sie aber zu schlecht.

Die Vorschläge der Kommission wurden von der Bürgerschaft noch nicht in
Berathung gezogen. Konnte Hamburg mit einer „provisorischen Verfassung" nahezu
150 Jahre regiert werden, warum jetzt so drängen?

Neuerdings haben sich Senat und Bürgerschaft über die Bedingungen der
Bürgerrechtserwerbung geeinigt und ist mit letzterer alsdann auch das Wahlrecht
verknüpft. Die wesentlichsten Bestimmungen lauten:

§ 1. Deutsche erwerben die Hamburgische Staatsangehörigkeit nach Maß=
gabe der Reichsgesetzgebung.

Ausländer können die Hamburgische Staatsangehörigkeit nur erwerben,
wenn sie — abgesehen von den im § 8 des Bundesgesetzes vom 1. Juni 1870
aufgestellten Erfordernissen — den Nachweis liefern, daß sie

1. das 21. Lebensjahr vollendet haben;
2. aus dem Staatsverbande, dem sie angehört haben, entlassen sind oder
   die Sicherheit haben, daß ihnen diese Entlassung für den Fall der
   Aufnahme in den hiesigen Staatsverband ertheilt wird.

§ 2. Zum Erwerbe des Hamburgischen Bürgerrechtes ist jeder Volljährige
berechtigt, welcher die Hamburgische Staatsangehörigkeit erworben hat, sich im Besitze
der bürgerlichen Ehrenrechte befindet, nicht auf Grund der Bestimmungen des § 6
unter 2 bis 4 des Bürgerrechtes verlustig geworden ist und während der letzten
5 Jahre ein jährliches Einkommen von mindestens 1200 Mk. hierselbst
versteuert hat oder zu einer hiesigen amtlichen Thätigkeit berufen wird, für welche
die Erwerbung des Bürgerrechtes vorgeschrieben ist, oder zum Referendar oder, ohne
daß er vorher hierselbst als Referendar thätig gewesen ist, zum Assessor ernannt wird.

§ 3. Zum Erwerbe des Bürgerrechtes verpflichtet ist jeder nach
§ 2 dazu berechtigte Staatsangehörige, welcher in drei auf einander
folgenden Jahren ein steuerpflichtiges Einkommen von mindestens
2000 Mk. jährlich gehabt und das 60. Lebensjahr noch nicht vollendet hat.

Diese Bestimmungen für die Erwerbung des Bürgerrechts in der „Republik" Hamburg sind so reaktionär als möglich, sie sind weit rückständiger als die gleichzeitigen Bestimmungen in fast allen übrigen Staaten Deutschlands. Damit ist wieder ein neuer Beweis für die alte Erfahrung geliefert, daß eine Bourgeoisie, die durch die Sozialdemokratie in Angst und Schrecken gejagt wurde, in der Regel weit reaktionärer ist als eine Monarchie. Der aus Angst vor dem „Umsturz" toll gewordene Bourgeois ist der Typus der Feigheit.

## Weimar.

Die weimarische Kammer besteht aus 31 Abgeordneten: sie ist zusammengesetzt aus einem Vertreter der begüterten ehemaligen Ritterschaft, aus vier Vertretern der Besitzer inländischen Grundeigenthums von mindestens 8000 Mk. Rente; aus fünf Vertretern derjenigen Staatsangehörigen, die über 3000 Mk. jährliches Einkommen haben und aus 21 Abgeordneten, welche die übrigen Staatsangehörigen wählen, soweit sie das Ortsbürgerrecht besitzen. Die ersten drei Wählerklassen wählen ihre Abgeordneten direkt, die vierte Klasse wählt indirekt. Das Ortsbürgerrecht muß durch Kauf erworben werden. Wahlmann kann nur der Ortsbürger werden, der das 25. Lebensjahr überschritten hat. Zum Abgeordneten kann nur gewählt werden, wer mindestens das 30. Lebensjahr vollendet hat.

Auch in dem kleinen Großherzogthum Weimar ist, wie man sieht, reichlich Vorsorge getroffen, daß die demokratischen oder gar die sozialdemokratischen Bäume nicht in den Himmel wachsen.

## Anhalt.

Im Herzogthum Anhalt ist jeder Staatsangehörige Wähler, der das 25. Lebensjahr zurückgelegt hat. Für den Ausschluß vom Wahlrecht gelten ähnliche Bestimmungen wie beim Reichstags-Wahlrecht. Es giebt nur eine Kammer.

Die Zahl der Abgeordneten beträgt 36. Von diesen ernennt der Herzog 2; die höchstbesteuerten Grundbesitzer, die 63 Mk. und mehr Grundsteuer entrichten, wählen 8 Abgeordnete. Die höchstbesteuerten Handels- und Gewerbetreibenden, sofern sie mit mehr als 18 000 Mk. Einkommen zur Einkommensteuer herangezogen sind, wählen 2 Abgeordnete, die Städte wählen 14, das platte Land 10 Abgeordnete.

Die Wahl der beiden letzterwähnten Kategorien von Abgeordneten erfolgt direkt durch Wahlmänner. Wie in Braunschweig, Weimar und anderwärts, so tritt auch hier ein Bevormundungssystem der Wähler durch Wahlmänner ein, sobald größere Wählerkreise vorhanden sind. Ein Wahlzensus besteht nicht. Die 12 Städte des Herzogthums bilden 9 Wahlkreise, von denen einer (Dessau) 3, ein anderer (Bernburg) 2 Abgeordnete wählt. Die Wahlen sind geheim, auf 150—200 Einwohner wird ein Wahlmann gewählt.

## Mecklenburg.

Die beiden Mecklenburg (Schwerin und Strelitz) sind die einzigen deutschen Staaten, die noch im Zustande feudalherrlicher Unschuld sich befinden; sie besitzen noch kein Feigenblatt, genannt konstitutionelle Verfassung, das ihre Blöße deckt. Der mehrmals wiederholte Beschluß des deutschen Reichstags Anfangs der neunziger Jahre, daß jeder deutsche Bundesstaat eine aus Wahlen der Bevölkerung hervorgegangene Landesvertretung besitzen muß, fand beim Bundesrath keine Gegenliebe und wanderte in den Papierkorb. Die Serenissimi in den beiden Mecklenburg und ihre Regierungen, die wußten, daß die Beschlüsse des Reichstags für ihnen galten, blieben ungerührt und fuhren fort, zu regieren, als gingen sie diese Beschlüsse nichts an. Die mittelalterliche landständische Verfassung, nach der die Korps der Ritter- und der Landschaft nebst einigen ernannten Vertretern der Städte das Heft in der Hand haben, war zwar ebenfalls in den Bewegungsjahren vorübergehend in Gefahr, sogar auch kurze Zeit außer Kraft gesetzt und durch

eine neue Verfaſſung verdrängt, aber Preußen und der reaktionäre Bundestag
halfen ihren mecklenburgiſchen Herren Vettern die „alte Ordnung" wieder her
ſtellen, die ſich bis heute eines ungeſchmälerten Beſtandes erfreut.

In Mecklenburg wird einſtens nur ein Sturm von unten den feudalen
Plunder wegfegen können. Das Bürgerthum iſt dazu unfähig.

## Das Reichstags-Wahlrecht und die bürgerlichen Parteien.

Die bisherigen Ausführungen haben gezeigt, daß die bürgerlichen Parteien
mit Ausnahme eines ſehr kleinen Bruchtheils ihrer Anhänger auf der Linken und
im Zentrum entſchiedene Gegner des allgemeinen gleichen, direkten und geheimen
Wahlrechts ſind. Gegner deſſelben ſind mit Ausnahme der württembergiſchen
Regierung auch die deutſchen Regierungen.

Wie war es aber alsdann möglich, daß für den norddeutſchen beziehentlich
deutſchen Reichstag das demokratiſchſte aller Wahlrechte zur Geltung kam? Die
Frage liegt nahe und ihre Beantwortung iſt nothwendig, aber leicht.

Es wurde bereits hervorgehoben, daß das Frankfurter Parlament im
Jahre 1849 das allgemeine gleiche, direkte und geheime Wahlrecht für alle über
25 Jahre alten Deutſchen als Grundlage für die Wahlen zum Parlament beſchloſſen
hatte. Wahlrechte, die auf der gleichen Grundlage ruhten, eroberten in jener
Zeit der ſchweren Noth der Regierungen eine ganze Reihe Einzelſtaaten, ſie fielen
aber, wie gezeigt, der hereinbrechenden Reaktion wieder zum Opfer.

Ende der fünfziger Jahre begann die politiſche Bewegung aufs Neue. Die
Einheitsbeſtrebungen traten immer mehr in den Vordergrund, und fanden namentlich
in den im September 1859 in Frankfurt a. M. gegründeten Nationalverein ihren
Sammelpunkt.

Die Bewegung wuchs ſo, daß ſie die Regierungen nicht mehr ignoriren
konnten. Es tauchten allerlei Projekte auf, bis endlich Herr von Beuſt einen
poſitiven Vorſchlag beim Bundestag einbrachte, dahingehend, daß neben dem
erweiterten Bundestag eine Delegirtenverſammlung, gewählt aus den Landes
vertretungen der Einzelſtaaten, zuſammentreten ſollte, die mit dem Bundestag
allgemeine Geſetze für Deutſchland zu vereinbaren habe. Als über dies Projekt es zur
Abſtimmung kam, ließ Herr v. Bismarck, der damals bereits preußiſcher Miniſter
präſident war, die ablehnende Haltung Preußens damit motiviren, daß er ausführte

„nur in einer Vertretung, welche nach Maßgabe der Bevölkerung jedes
Bundesſtaats aus letzterer durch unmittelbare Wahlen hervorgehe, könne
die deutſche Nation das berechtigte Organ ihrer Einwirkung auf die gemein
ſamen Angelegenheiten finden."

Wenige Monate zuvor hatte bereits die dritte Generalverſammlung des
Nationalvereins, deſſen Vorſitzender Herr v. Bennigſen war, beſchloſſen (6. und
7. Oktober 1862 zu Koburg), daß die Reichsverfaſſung vom 28. März 1849
ſammt Grundrechten und Wahlgeſetz zunächſt das zu erſtrebende Ziel
für die Einigung Deutſchlands ſeien.

Dieſe Forderung bildete von jetzt ab die Grundlage für die Agitation des
National-Vereins. Derſelbe ſagte ſich mit vollkommenem Recht: wolle er ſeine
Beſtrebungen mit Erfolg gekrönt ſehen, ſo könne dies nur auf Grund eines
Programmes geſchehen, für das ſich das Volk erwärme. Als dann im Sommer 1866
Oeſterreich mit einem neuen Reformplan hervortrat, erklärte Preußen durch Herrn
von Bismarck abermals, daß nur eine Nationalvertretung, hervorgegangen aus
direkter Betheiligung der ganzen Nation, der Sachlage entſpreche. So
ſpielte Bismarck gegenüber den deutſchen Fürſten den Radikalen, während er
gleichzeitig im eignen Lande mit der Volksvertretung ſich um die Anerkennung der
einfachſten konſtitutionellen Grundſätze ſtritt.

Die Verhältnisse spitzten sich aber immer mehr zu. Die Dinge hatten einen Lauf genommen, daß eine gründliche Auseinandersetzung zwischen Oesterreich und Preußen nur eine Frage der Zeit war. Für Bismarck handelte es sich darum, den Bundestag in Verwirrung zu bringen und zu sprengen, andererseits aber die öffentliche Meinung Deutschlands für sich zu gewinnen. Mit diesem Ziel vor Augen beantragte er am 2. April 1866, also wenige Monate vor Ausbruch des Krieges zwischen Oesterreich und Preußen:

„Hohe Bundesversammlung wolle beschließen, eine aus direkten und allgemeinen Wahlen hervorgehende Versammlung für einen noch näher zu bestimmenden Tag einzuberufen, um die Vorlagen der Regierungen über eine Reform der Bundesverfassung entgegenzunehmen und zu berathen."

Bismarck's Plan war, auf Grund dieser neuen Verfassung Preußen an die Spitze Deutschlands zu bringen und Oesterreich aus dem Bunde zu drängen. Er wußte aber auch, daß dies ohne Krieg nicht möglich war, und so brach derselbe aus, der ihn über Erwarten rasch seinem Ziele entgegenführte. Sobald er Herr der Situation war, wurde der konstituirende norddeutsche Reichstag, der als gemeinsame Volksvertretung des Norddeutschen Bundes (1867) ins Leben trat, auf Grund des allgemeinen gleichen, direkten und geheimen Wahlrechts gewählt, also auf Grund desselben Wahlrechtes, das seiner Zeit das deutsche Parlament beschlossen hatte.

Bismarck erklärte sich für dieses Wahlrecht, weil er wohl wußte, daß nur dieses seine neue Schöpfung bei den Massen populär machen könne und die beste Waffe gegen den Partikularismus sei. Als es sich aber darum handelte, das allgemeine direkte Wahlrecht auch als Grundlage in die Verfassung des Norddeutschen Bundes aufzunehmen, erhob sich aus demselben Lager Widerspruch, in dem man Jahre lang dasselbe als Köder für die Einheit Deutschlands benutzt hatte. Herr v. Sybel, Grumbrecht-Harburg, Dr. Meyer-Thorn machten neben verschiedenen Mitgliedern der Rechten schwere Bedenken dagegen geltend. Insbesondere sah Herr v. Sybel „die Diktatur der Demokratie" aus diesem Wahlrecht hervorgehen. Darauf antwortete Bismarck (21. Sitzung am 28. März 1867) unter anderem Folgendes:

„Das allgemeine Wahlrecht ist uns gewissermaßen als ein Erbtheil der Entwicklung der deutschen Einheitsbestrebungen überkommen; wir haben es in der Reichsverfassung gehabt, wie sie in Frankfurt entworfen wurde; wir haben es im Jahre 1863 den damaligen Bestrebungen Oesterreichs in Frankfurt entgegengesetzt, und ich kann nur sagen: ich kenne wenigstens kein besseres Wahlgesetz.

Es hat ja gewiß eine große Anzahl von Mängeln, die machen, daß auch dieses Wahlgesetz die wirkliche besonnene und berechtigte Meinung eines Volkes nicht vollständig photographirt und en miniature wiedergiebt, und die verbündeten Regierungen hängen an diesem Wahlgesetz nicht in dem Maße, daß sie nicht jedes andere akzeptiren sollten, dessen Vorzüge vor diesem ihnen nachgewiesen werden. . . Wir haben einfach genommen, was vorlag und wovon wir glaubten, daß es am leichtesten annehmbar sein würde, und weitere Hintergedanken dabei nicht gehabt. Was wollen denn die Herren, die das anfechten, und zwar mit der Beschleunigung, deren wir bedürfen, an dessen Stelle setzen? Etwa das preußische Dreiklassensystem? Ja, meine Herren, wer dessen Wirkung und die Konstellationen, die es im Lande schafft, etwas in der Nähe beobachtet hat, muß sagen, ein widersinnigeres, elenderes Wahlgesetz ist nicht in irgend einem Staate ausgedacht worden (Unruhe und Bravo!), ein Wahlgesetz, welches alles Zusammengehörige auseinanderreißt und Leute zusammenwürfelt, die nichts mit einander zu thun haben, in jeder Kommune mit anderem Maße mißt. Leute, die in irgend einer Gemeinde weit über die erste Klasse hinausreichen, diese allein ausfüllen würden, in einer benachbarten Kommune in die dritte Klasse wirft; in Gemeinden, wo beispielsweise drei Besitzer jeder ungefähr 200 Thaler Steuern bezahlen, deren zwei in die erste und den dritten, der sieben Silbergroschen weniger bezahlt, in die zweite verwirft, wo seine Mitwähler mit 5 Thaler anfangen, und von den bäuerlichen Besitzern mit 5 Thaler Steuern kommt wieder eine gewisse Anzahl zu zwei; plötzlich zwischen Hans mit 4 Thaler 7 Sgr. und Kunz mit 4 Thaler 6 Sgr., reißt die Reihe ab, und die anderen werden mit dem Proletariat zusammengeworfen. Wenn der Erfinder dieses Wahlgesetzes sich die praktische Wirkung desselben vergegenwärtigt hätte, hätte er es nie gemacht. Eine ähnliche Willkürlichkeit und zugleich eine Härte liegt in jedem Zensus, eine Härte, die da am fühlbarsten wird, wo dieser Zensus abreißt, wo die Ausschließung anfängt; wir können es dem Ausgeschlossenen gegenüber doch wirklich schwer motiviren, daß er deshalb, weil er nicht dieselbe Steuerquote wie sein Nachbar zahlt — und er würde sie gern bezahlen, denn sie bedingt ein größeres Vermögen, das er aber nicht hat — er gerade Helot und politisch todt in diesem Staatswesen sein solle.

Diese Argumentation findet überall an jeder Stelle Anwendung, wo eben die Reihe Derer, die politisch berechtigt bleiben sollen, abgebrochen wird."

Bismarck bestätigte also, daß man das allgemeine Wahlrecht als Erbtheil der deutschen Einheitsbestrebungen aufgenommen habe, er erklärte aber auch weiter, daß es das beste Wahlrecht sei, was er kenne, und insbesondere verurtheilte er das preußische Klassenwahlsystem mit einer Schärfe, wie es der größte Gegner nicht schärfer verurtheilen könnte. Er begnügte sich auch nicht bloß mit der Verurtheilung, er begründete auch diese Verurtheilung an der Hand unwiderleglicher Thatsachen. Daß Bismarck später dennoch mit diesem elendesten und erbärmlichsten aller Wahlgesetze in Preußen weiter regierte, spricht nur für die eigenthümliche Moral, die seiner Regierungsweise zu Grunde lag. Sein Urtheil über das Dreiklassenwahlsystem bleibt richtig, auch wenn er später gegen seine Ueberzeugung von der Erbärmlichkeit desselben es beibehielt. Seine Gründe dafür sind ebenfalls kein Geheimniß.

Der Konflikt mit dem preußischen Abgeordnetenhaus, das nach dem widersinnigsten und elendesten aller Wahlgesetze gewählt war, hatte in konservativen Kreisen schon längst Zweifel an der Zweckmäßigkeit desselben hervorgerufen. Als nach der ersten Auflösung des Abgeordnetenhauses (1862) die Wahlen noch oppositioneller ausfielen, befürwortete die „Konservative Korrespondenz" offen die Einführung des allgemeinen direkten Wahlrechts, das Dreiklassenwahlsystem bestehe nicht zu Recht.

Die Erfahrungen bei den preußischen Dreiklassenwahlen trugen dazu bei, auch Bismarck das allgemeine direkte Wahlsystem als das ihm günstigere erscheinen zu lassen, wie das unverholen in der Zirkulardepesche vom 24. März 1866 an den Gesandten in München, Prinzen Reuß, zum Ausdruck kommt, in der er wörtlich schreibt:

„Direkte Wahlen und allgemeines Stimmrecht halte ich für größere Bürgschaften einer konservativen Haltung als irgend ein künstliches, auf Erzielung gemachter Majoritäten berechnetes Wahlgesetz. Nach unseren Erfahrungen sind die Massen ehrlicher bei der Erhaltung staatlicher Ordnung interessirt als die Führer derjenigen Klassen, die man durch die Einführung irgend eines Zensus in der aktiven Wahlberechtigung privilegiren möchte."

„Ich darf es wohl als eine auf langer Erfahrung begründete Ueberzeugung aussprechen" (schrieb Bismarck weiter, am 19. April 1866, an den Grafen Bernsdorf nach London), daß das künstliche System indirekter und Klassenwahlen ein viel gefährlicheres ist, indem es die Berührung der höchsten Gewalt mit den gesunden Elementen, die den Kern und die Masse des Volkes bilden, verhindert. In einem Lande mit monarchischen Traditionen und loyaler Gesinnung wird das allgemeine Stimmrecht, indem es die Einflüsse der liberalen Bourgeoisie-Klassen beseitigt, auch zu monarchischen Wahlen führen, ebenso wie in Ländern, wo die Massen revolutionär fühlen, zu anarchischen.

In Preußen aber sind neun Zehntel des Volks dem Könige treu und nur durch künstlichen Mechanismus der Wahl um ihren Ausdruck gebracht. Die Träger der Revolution sind die Wahlmänner-Kollegien, die der Umsturzpartei ein über das Land verbreitetes und leicht zu handhabendes Netz gewähren, wie dies 1789 die Pariser Electeurs gezeigt haben. Ich stehe nicht an, indirekte Wahlen für eins der wesentlichsten Hilfsmittel der Revolution zu erklären, und ich glaube, in diesen Dingen praktisch einige Erfahrungen gesammelt zu haben."

Wie man sieht, richtete sich Bismarck's ganzer Haß in jener Zeit gegen die liberale Bourgeoisie. Er war des naiven Glaubens, wie er das auch in einer Unterhaltung mit Lassalle deutlich durchblicken ließ, und wofür die Herrschaft Napoleons III. während anderthalb Jahrzehnten zu sprechen schien, daß bei dem allgemeinen direkten Wahlrecht in Preußen eine ihm günstiger gesinnte Kammer zusammen gekommen wäre.

Als er später dann entdeckte, daß auch mit der Bourgeoisie sehr gut aus-zukommen sei, einerlei ob ihre Vertreter nach dem Dreiklassenwahlsystem oder dem allgemeinen gleichen direkten Wahlrecht gewählt werden, wenn man nur ihre materiellen Interessen wahrzunehmen versteht, und er die Erfahrung machte, daß gerade die Arbeiter ihm die unbequemste und unangenehmste Opposition in den Reichstag sandten, erschien ihm das Dreiklassenwahlsystem wieder als das genehmere und er söhnte sich mit ihm aus.

Was liegt an der Elendigkeit, Erbärmlichkeit und Widersinnlichkeit eines Wahlsystems, sobald es die gewünschten Vertreter schafft! Alsdann hat es seine Aufgabe und seinen Zweck erfüllt.

Die Nationalliberalen aber waren von der neuen deutschen Herrlichkeit und dem Ausfall der ersten Wahlen zum Norddeutschen Reichstag, ungeachtet der Bedenken einiger ihrer Mitglieder, so entzückt, daß sie in einem Wahlaufruf für die preußischen Landtagswahlen, unterzeichnet von v. ennigsen, Lasker, Miquel u. s. w., das allgemeine, gleiche, direkte und gnheime Wahlrecht für das „festeste Bollwerk der Freiheit" erklärte und verkündeten:

„Preußens Geschicke sind enger als jemals mit den Lebensbedingungen des deutschen Volksgeistes verknüpft; sie werden sich um so schleuniger und glorreicher erfüllen, je weiter und breiter die Betheiligung aller Klassen herangezogen wird. Das beschränkte Klassenwahlsystem hat sich überlebt und der nächste Landtag wird zu prüfen haben, in welcher Weise und unter was für Voraus-setzungen der Uebergang zum allgemeinen Stimmrecht zu bereiten ist."

Heute sind die Unterzeichner jenes Aufrufs, soweit sie noch am Leben sind, nebst ihren Parteigenossen die eifrigsten Anhänger des „überlebten, be-schränkten Klassenwahlsystems", und sie arbeiteten am eifrigsten an der oben skizzirten „Reform" dieses Wahlsystems.

Damals (1867) begeisterte man sich aber nicht blos für das allgemeine Wahlrecht, man hielt auch die Diäten für die Reichstags-Abgeordneten für unumgänglich nöthig. Bismarck hatte bei der Schlußberathung der norddeutschen Bundes-verfassung erklärt, daß die verbündeten Regierungen lieber auf das Verfassungs-werk verzichteten, als die Diäten bewilligten — man sieht, seine Schwärmerei für das allgemeine Wahlrecht hatte enge Grenzen — darauf antwortete Herr v. Bennigsen in der 33. Sitzung am 15. April 1867:

„Ich halte es für ein ganz bedenkliches Experiment, daß in einem deutschen Parlamente die Diäten beseitigt werden sollen. Meine Herren! Ich weiß nicht, welche Folgen davon für den Reichstag hervorgerufen werden; ich halte diese Folgen für durchaus unberechenbar, und ich habe es daher sehr beklagt, daß von Seiten der Regierung ein solches Gewicht auf diese Frage gelegt wird. . . . Ich hoffe von den nächsten Jahren, daß es möglich sein wird, im Reichstag über die Bewilligung der Diäten im Wege der Gesetzgebung eine andere Vereinbarung zu treffen."

So Herr v. Bennigsen damals. Heute betrachtet er die Bewilligung der Diäten als eine Art Kompensation für eine Verschlechterung oder Beseitigung des

allgemeinen Wahlrechts, das deutete er in einer der letzten Sessionen des Reichs=
tags sehr deutlich an. 1867 stimmte auch, ungeachtet der Erklärung Bismard's,
ein Theil der Parteigenossen v. Bennigsen's, darunter v. Forkenbeck, Fries=
Weimar, Dr. Gneist, Grumbrecht, Lasker, Wölsel für die Diäten, wohingegen
mit v. Bennigsen Dr. Braun=Wiesbaden, Miquel u. a., dem Wunsche Bismard's
folgend, gegen dieselben stimmten. Damals waren die Nationalliberalen im Ver=
gleich zu heute noch Männer zu nennen, gegenwärtig sind sie die traurigsten,
unmännlichsten Politiker unseres Zeitalters.

Welch seltsame Blüthen die Begeisterung der damaligen Zeit trieb, dafür spricht
weiter ein Antrag v. Kardorff's im preußischen Landtag im Jahre 1869. Die Regierung
hatte einen Gesetzentwurf eingebracht, betreffend eine anderweite Feststellung der
Wahlbezirke. Kardorff beantragte, denselben abzulehnen und dagegen zu beschließen:

„Der Königlichen Staatsregierung zur Erwägung zu geben, ob es sich nicht
im allgemeinen politischen Interesse empfehlen dürfte, die Zusammensetzung des
preußischen Abgeordnetenhauses in Bezug auf Abgrenzung der Wahlbezirke,
Wahlmodus und Zahl der Abgeordneten mit der des Reichstags in
Einklang zu bringen und damit eine nähere organische Verbindung
der beiden Körperschaften anzubahnen."

Der Antrag bezweckte also im Grunde genommen, daß die preußischen
Reichstags=Abgeordneten in der Hauptsache auch die Mitglieder der zweiten
Kammer des Landtages seien. Herr v. Kardorff gehört heute ebenfalls zu jenen,
die über ihre damaligen Jugendsünden Buße in Sack und Asche thun.

Betrachtet man heute die Parteien des Reichstags in Bezug auf ihre
Stellung zum allgemeinen gleichen Wahlrecht, so müssen die konservativen Parteien
(Deutschkonservative und Reichspartei) mit den Nationalliberalen als ent=
schiedene Gegner desselben angesehen werden; sie würden es lieber heute als
morgen aus der Welt schaffen, sie haben nur noch nicht den Muth, dies offen
auszusprechen und ihm die Axt an die Wurzel zu legen. Das Zentrum ist zum
Theil ein stiller Gegner, zum Theil ein sehr lauer Freund desselben — siehe die
Haltung der Anhänger des Zentrums im preußischen und bayerischen Landtag.
Nur vereinzelte Mitglieder des Zentrums sind ehrliche Anhänger des allgemeinen
gleichen und direkten Wahlrechts.

Aehnlich wie im Zentrum steht es in der freisinnigen Partei. Eifer und
Wärme für das allgemeine gleiche Wahlrecht fehlen. Würde es abzuschaffen ver=
sucht, man würde dagegen kämpfen, gelänge aber der Versuch, man würde sich
nicht darüber grämen.

Daß bei dieser eigenthümlichen Situation dennoch die Gegnerschaft bisher
sich nur selten offen gegen das allgemeine Wahlrecht aussprach, liegt in der
Scheu vor den Massen des Volkes, denen dasselbe ans Herz gewachsen ist, und
in der Furcht vor der Aufregung dieser Massen, falls der Versuch gemacht werden
sollte, es zu beseitigen. Etwas zu verweigern, was man noch nicht besitzt, ist
weit leichter, als etwas zu nehmen, was man bereits in Händen hat.

Das Blatt, das seit Jahren rücksichtslos und schamlos für die Beseitigung
des allgemeinen Wahlrechts eintritt, ist das Organ der rheinischen Bourgeoisie,
die „Kölnische Zeitung". Wie einst für die Junker der Mensch erst mit dem
Baron begann, so beginnt für jene Klasse, die Bourgeoisie, der Mensch erst, wenn
er das Reservelieutenantspatent oder den Titel „Rath" in der Tasche hat oder
mindestens hunderttausend Mark im Vermögen besitzt. Alle anderen Menschen
sind Lumpen, höchstens nütze als Stimmvieh, das keine eigene Meinung haben
darf, sondern verpflichtet ist, die Leute mit der satten Tugend und der zahlungs=
fähigen Moral, die Leute von „Besitz und Bildung" als seine Vertreter zu wählen.

Diese Bourgeoisie voller Anmaßung, ebenso intolerant wie verfolgungssüchtig
gegen Andersdenkende, dabei voll Verachtung vor dem Arbeiter, der ihr den Reichthum
erwirbt, der ihr das Wohlleben und die Vorrechte ermöglicht, ist heute die
mächtigste Klasse in der Gesellschaft. Sie möchte auch die Alles beherrschende sein.

Es gab allerdings eine Zeit, es ist freilich schon etwas lange her, in der das
rgan dieser Klasse am Rhein, die „Kölnische Zeitung", über das allgemeine gleiche
rekte Wahlrecht ganz anders dachte. Damals schrieb das edle Blatt:

„Man kann sagen — und hat es oftmals gesagt —, daß Vermögen keine
here Bürgschaft gewährt für Rechtlichkeit, Geschicklichkeit und Vaterlandsliebe,
iß es Pöbel unter allen Ständen gebe und der vornehme noch gefährlicher sei
s der geringe. Erzeugt man nicht Pöbel, indem man alle Besitzlosen oder
enig Begüterten zu Pöbel stempelt? Wird nicht die bürgerliche Ordnung da-
urch befestigt, daß Jeder innerhalb derselben eine Stelle findet? Man kann
oblich sich auf einen höheren Standpunkt stellen, und den Staat nicht mehr als
zweck betrachten, sondern als bloßes Mittel. Er ist eine Erziehungsanstalt der
lenschheit. Und wozu soll ein jeder Mensch erzogen werden, wenn nicht zur
elbständigkeit? Selbständigkeit, eine Persönlichkeit, welche ihr Gesetz in sich hat,
: die Blüthe dieses Lebens und der Keim des zukünftigen. Wie kann aber Jemand
.r Selbständigkeit gelangen, welcher nicht selbst einen Willen haben darf, sondern
ets dem Willen Anderer folgen muß?

Doch über alle solche allgemeine Betrachtungen werden Machiavelli's Jünger
ir lächeln und fortfahren, von der Unmündigkeit des großen Haufens zu reden;
enn sie wollen diese Verleumdung der Menschheit, wie alles Uebrige, aus guter
and haben, aus der Erfahrung. Wohlan, so laßt uns die Erfahrung fragen,
as lehrt sie uns? Sie lehrt uns, daß Versammlungen, welche aus
eistlichen, Adeligen und Hochbesteuerten bestanden, stets und aller
rten Gesetze gemacht haben, die ihren eigenen Vortheil zunächst be-
rderten, und es ist beinahe lächerlich, etwas Anderes zu erwarten.
ie lehrt uns, daß in jedem Staate, wo die Minderheit Gesetze giebt,
e Mehrheit unzufrieden ist.

Und das Vertrauen, welches der Staat in seine Bürger durch Verleihung
s allgemeinen Stimmrechts setzt, bewährt sich — auf glänzende Weise. Der
ensch fängt unter der freien Verfassung selbst zu denken und zu reden an. Er
.rd wie umgewandelt. Er wirft seine Blödigkeit ab, ein neuer Geist, ein Pfingsten
mmt über ihn, er spricht beherzt seine Meinung aus und zeigt oft mehr Verstand
d politische Reise, als manches Mitglied der preußischen Herren-Kurie, als
ancher deutsche Professor des Staatsrechts. So wahr ist es, daß nur die Frei-
it zur Freiheit erzieht."

So die große rheinische Vettel nach den Märztagen von 1848. Heute
det sie in einer ganz anderen Sprache. Der freie Mensch von 1848, der selbst
nkt und redet und oft mehr Wissen und politische Reise besaß, als manches
itglied der preußischen Herrenkurie oder als mancher deutscher Professor des
aatsrechts (Nachbarin, euer Fläschchen! Der Verf.), ist heute am Ende des neun-
hnten Jahrhunderts politisch unwissend, roh, dünkelhaft, von der Phrase be-
nflußt, er gehört mit einem Wort zum Pöbel.

Die Partei der „Kölnischen Zeitung", die nationalliberale Partei, konnte bis-
r das allgemeine gleiche Wahlrecht noch nicht beseitigen, so suchte sie wenigstens
ne Wirkungen einzudämmen. Herr v. Bennigsen brachte im Jahre 1887 im
rtiellreichstag, in dem eine Majorität ihm sicher war, den Antrag ein, die
ahlperioden von drei Jahren auf fünf Jahre zu verlängern. Und so geschah
. Man hatte die Stirn, die Verlängerung der Wahlperioden mit der all-
meinen Wahlmüdigkeit zu begründen. Wahlmüde ist aber nur die Bourgeoisie,
eil sie die Wahlen als ein Volksgericht fürchtet. Die Wahlbetheiligung bei den
eichstagswahlen hat sich, wie nachgewiesen wurde, stetig gehoben, dagegen ist die
ahlbetheiligung bei dem elendesten und erbärmlichsten aller Wahlsysteme, dem
reiklassenwahlsystem, beständig gesunken.

Heute muß in Deutschland das allgemeine Wahlrecht gegen die Angriffe
ner offenen und heimlichen Feinde vertheidigt werden, an eine Ausdehnung des-
lben auf die Wahl der Landtage denkt in den bürgerlichen Parteien ernstlich

Niemand. Die einzige Partei, die es rückhaltlos vertheidigt und zugleich mit Eifer und Hingebung seine Ausdehnung erstrebt, ist die Sozialdemokratie. Und zwar erstrebt sie die Ausdehnung desselben nicht nur auf die Wahl der Landtage, sondern auch in dem Sinne, daß alle Staatsbürger, die das 21. Lebensjahr zurückgelegt haben, wahlberechtigt sind.

Mit vollendetem 20. Lebensjahr muß der Mann seine Kräfte dem Dienst für des Landes Freiheit und Unabhängigkeit zur Verfügung stellen, er muß Soldat werden. Mit dem vollendeten 21. Lebensjahr wird er für rechtsfähig erklärt, sein Vermögen zu verwalten, er wird mündig. Seine Steuerkraft zur Unterhaltung des Staates wird bereits weit früher in Anspruch genommen durch die Leistung direkter und indirekter Abgaben.

Beansprucht die Bourgeoisie ein größeres Maß von Rechten, weil sie angeblich mehr durch direkte Steuern für das Gemeinwesen leiste, so vergißt sie:

1. daß das höhere Einkommen oder das Vermögen, von dem sie die höheren Steuern entrichtet, durch die Ausbeutung der Arbeitskraft der Arbeiterklasse erworben ist;

2. daß die Arbeiterklasse es vorzugsweise ist, die durch den Militärdienst sie in ihrem Einkommen und ausbeuterischen Erwerb schützt und gegebenen Falles ihr Blut für sie verspritzen, ja ihr Leben opfern muß;

3. daß die Arbeiterklasse, weit mehr als ihr Einkommen rechtfertigt, zu den öffentlichen Lasten beiträgt und insbesondere die Lasten der indirekten Steuern vorzugsweise zu tragen hat;*)

4. daß nach dem Grundsatz, wer Pflichten hat, soll auch auch Rechte haben, das Wahlrecht ein selbstverständliches Recht ist;

5. daß der Staat, wenn er ein Rechtsstaat und kein Klassenstaat sein will, nach den einfachsten Grundsätzen der Gerechtigkeit jedem mündigen Staatsangehörigen das Wahlrecht gewähren muß;

Endlich

6. daß das Wahlrecht einem jeden mündigen Staatsangehörigen auch gewährt werden muß, damit er ein legales Mittel besitzt, durch dessen Anwendung ihm ermöglicht wird, staatliche und soziale Einrichtungen zu schaffen, die Jedem eine menschenwürdige Existenz ermöglichen.

Soll es der Zweck des Staates sein, wie seine Vertheidiger behaupten, das Wohlsein aller seiner Angehörigen gleich und gerecht zu fördern, so muß es gerade Jenen, die des Schutzes und der Hilfe am meisten bedürfen ermöglicht werden, diesen Staatszweck zu verwirklichen, denn es ist, um die oben zitirten Ausführungen der „Kölnischen Zeitung" zu wiederholen, eine Thatsache

---

*) Bekanntlich werden die Reichsausgaben hauptsächlich durch die Einnahmen aus den indirekten Steuern bestritten, die ungerechteste Besteuerung, die es giebt die namentlich die großen unbemittelten Massen zu tragen haben.

Der Netto-Ertrag der Zölle und indirekten Steuern, d. h. der Ertrag nach Abzug der Erhebungskosten, wurde für das Etatsjahr 1894/95, in runder Summe veranschlagt, für die

| | |
|---|---:|
| Zölle . . . . . . . . | 349 706 000 Mk. |
| Inländ. Tabaksteuer . . . . . . | 11 082 000 „ |
| Zuckersteuer . . . . . . . . | 75 406 000 „ |
| Salzsteuer . . . . . . . | 42 742 000 „ |
| Branntweinsteuer . . . . . | 118 081 000 „ |
| Brausteuer und Uebergangsabgabe von Bier . . | 24 856 000 „ |
| Stempelabgaben . . . . . . . | 34 045 000 „ |
| In Summa . . | 655 918 000 Mk. |

Das ergiebt auf den Kopf der Bevölkerung rund 13 Mk. Nicht inbegriffen sind in obigen Beträgen die Erträge der Biersteuer in Bayern, Württemberg, Baden und Elsaß-Lothringen, die 1892 rund 50 Millionen Mk. ergab, die Erträge der inländischen Weinsteuer ꝛc.

daß Versammlungen von Privilegirten, Geistlichen, Adeligen und Höchstbesteuerten, stets und aller Orten Gesetze gemacht haben, die ihren eigenen Vortheil zunächst beförderten, so daß es beinahe lächerlich ist, etwas Anderes von ihnen zu erwarten.

Bei allen deutschen Völkerschaften der früheren Zeit erhielt der junge Mann in em Augenblick, in dem er wehrfähig erklärt wurde, als Zeichen dafür die Wehre, as Gewehre ausgehändigt. Das geschah in der Regel schon mit vollendetem 8. Lebensjahr. Dann erlangte er aber gleichzeitig das Recht, in den öffentlichen Angelegenheiten mitzusprechen. Er erhielt das Stimmrecht in der Volks= versammlung, der Versammlung aller wehrfähigen freien Männer. Dieses Recht ird noch gehandhabt in den Urkantonen der Schweiz und im Appenzellerland.

In der ganzen Schweiz erhält das Wahlrecht jeder Schweizerbürger in llen öffentlichen Angelegenheiten (für die National=, Kantonal=, Gemeinderaths= ahlen rc.) mit dem vollendeten 20. Lebensjahr.

Ebenso besitzt jeder Franzose mit vollendeten 21. Lebensjahr das Staats= nd Gemeindewahlrecht. Mit demselben Lebensalter beginnt das Wahlfähigkeits= lter in England und den Vereinigten Staaten.

Aber wozu in die Ferne schweifen, liegen die Beispiele doch so nahe. In Jayern ist jeder Staatsangehörige, wenn er sonst die Bedingungen der Wähl= arkeit erfüllt, mit dem vollendeten 21. Lebensjahr Urwähler. Das gilt auch von iner Reihe anderer Staaten, z. B. von Weimar. In Sachsen bestand 50 Jahre ng für die Landgemeinde=Wahlen die Bestimmung, daß jeder über 21 Jahre alte emeinde=Angehörige das Wahlrecht besaß. Die Bestimmung wurde in der chtziger Jahren zunächst von der reaktionären zweiten Kammer abgeschafft; nicht, eil sie sich nicht bewährt hatte, sondern wieder aus Angst vor der Sozial= emotratie, die in die Gemeinderäthe gelangte.

In den ersten Kammern werden die Mitglieder der privilegirten Geschlechter tgelassen, sobald sie das 21. Lebensjahr vollendet haben, die Prinzen sogar schon ach vollendetem 18. Lebensjahr. Was also die Sozialdemokratie verlangt, besteht wohl vielfach in Deutschland, wie in großen Kulturländern ersten Ranges all= emein. An allgemeiner Bildung steht aber das deutsche Volk, und speziell die eutsche Arbeiterklasse, hinter keinem Volk und keiner Arbeiterklasse der Welt zurück, nd so kann man billiger und gerechter Weise dem deutschen Volke nicht verweigern, as andere längst besitzen.

Freilich, in der nationalliberalen Partei, die stets die Fahne der Reaktion llen Parteien voranträgt, besteht eine andere Ansicht. Den Muth, zu fordern, daß as allgemeine Wahlrecht abgeschafft werde, besitzt man nicht überall, dagegen wäre e feine Abschaffung des allgemeinen Wahlrechts, wie ein Blatt dieser Partei im Sommer 1894 mit echt jesuitischer Kasuistik bemerkte — und im politischen Jesuitismus nd die Nationalliberalen Meister — wenn das Wahlfähigkeits=Alter erhöht würde. as Blatt schreibt: „Eine Verletzung des Staats=Grundgesetzes wäre es beispielsweise icht, wenn der Wunsch vorherrscht, daß das Wahlrecht allgemein in einem Alter eübt wird, das ein verständiges Staatsbewußtsein verbürgt. Das Alter von 5 Jahren hat es heut zu Tage nicht mehr. Die Sorge um die Existenz, ie Grundlage für eine sichere Berufsarbeit zu legen, absorbirt seine Interessen."

Der politische Jesuit, der dieses schrieb, will offenbar das stimmfähige Alter uf das 30. Lebensjahr erhöhen, ein Vorschlag, der auch schon in antisemitischen lättern auftauchte. Aber woran der Herr nicht dachte, ist, daß die große lehrheit der Arbeiter vom 20.—30. Lebensjahr vergleichsweise am sorgen= eiesten lebt; ihre schwersten Sorgen beginnen in der Regel nach dem 30. Lebens= hre, wenn die Familie wächst, und noch mehr mit dem 40. Lebensjahre und äter, wenn sie in den mit christlicher Liebe regierten Staats= und rivatbetrieben kein Unterkommen mehr finden, weil man sie für zu lt erachtet. Ein weiteres Wort dem hier ausgesprochenen Gedanken entgegen= .setzen, erübrigt sich.

_____

## Das Stimmrecht der Frauen.

Ist es dem deutschen Bourgeois und dem deutschen Philister ein ungeheuerlich erscheinender Gedanke, die Altersgrenze für die Ausübung des allgemeinen gleichen Wahlrechts auf das vollendete 20. oder 21. Lebensjahr herabzusetzen, so erscheint ihm die Forderung, auch den Frauen das Stimmrecht zu gewähren, als Ausbund der Tollheit, als Wahnsinn. Ueber die Berechtigung dieser Forderung haben wir uns in unserem Buche „Die Frau und der Sozialismus"*) ausführlich ausgesprochen, wir können hier uns kurz fassen.

Für die Gewährung des Stimmrechts an die Frauen sprechen alle Gründe, mit Ausnahme der beiden ersten, die oben (Seite 48) für das Stimmrecht der Männer angeführt wurden. Soldat brauchen die Frauen nicht zu werden, aber die Frauen gebären und erziehen die künftigen Soldaten. Und dieses Geschäft ist weit lebensgefährlicher als das, Soldat zu sein. Die Zahl der Frauen, die im Laufe der Jahrzehnte in Folge von Geburten sterben oder siech durchs Leben wandern, ist weit größer als die Zahl der Soldaten, die im Kriege fallen oder verwundet werden. So starben in Preußen allein in dem Zeitraum von 1816—1876 321791 Frauen am Kindbettfieber. An dieser einzigen Krankheit starben also weit mehr Frauen, als in demselben Zeitraum in Preußen Männer in Folge von Kriegen oder Revolutionen starben. Und ebenso ist die Zahl der durch die Folgen des Wochenbetts siechen Frauen, die meist frühzeitig sterben, eine vielfach größere, als die Zahl der im Kriege oder bei Volksaufständen verwundeten Männer.

Ein weiterer Grund für das Stimmrecht der Frauen ist, daß viele Millionen von ihnen heute produktiv thätig sind und den Lebensunterhalt für sich und ihre Familien genau so verdienen wie die Männer. Im Jahre 1892 betrug die Zahl der in den der Gewerbe-Inspektion unterstellten Betrieben beschäftigten weiblichen Arbeitskräfte bereits nahe an 700000. Hierzu kommen die in den Handels- und Verkehrsgewerben, im Kleingewerbe, in der Hausindustrie, in den geistigen Berufen, in der Landwirthschaft und als Dienstboten beschäftigten weiblichen Arbeitskräfte, die sich in Summa auf mindestens 5 Millionen Köpfe belaufen. Alle diese Frauen sind wesentlich interessirt an unserer Handels- und Zollgesetzgebung, an der Gewerbegesetzgebung mit speziellem Bezug auf den Arbeiterschutz, an der Besteuerung, an dem Zustand des Erziehungswesens. Weiter sind sie interessirt an all' den gesetzlichen und öffentlichen Maßnahmen, von denen Krieg oder Friede, Arbeit und Verdienst oder Arbeitsmangel und Verdienstlosigkeit abhängen.

Dieses Alles geht sogar die vielen Millionen Ehefrauen ebenso gut wie ihre Männer an, die in der häuslichen Rolle als Erhalter und Verwalter des Verdienten und Erworbenen und als die Erzieher der Kinder beschäftigt sind. Von der Natur der öffentlichen Zustände hängt weit mehr als von dem guten Willen, der Intelligenz und Kraft der Einzelnen Wohl und Wehe der Familie ab.

Ferner giebt es Millionen Frauen, die den Kampf ums Dasein für sich selbst und ihre Angehörigen zu führen haben, weil kein Mann, der diesen Kampf übernimmt, an ihrer Seite steht. Die Leistung direkter und indirekter Steuern ist für die Frauen eben so selbstverständlich wie für die Männer. Begeht die Frau ein Vergehen oder Verbrechen, so wird ihre Verurtheilung und Strafe genau nach demselben Gesetz bemessen, das für die Männer gilt. Sie hat also dieselben Pflichten wie der Mann, warum nicht auch dieselben Rechte?

Der Einwand, sie verstehe nichts von öffentlichen Angelegenheiten trifft sie nicht mehr als die Millionen Männer, welche die vornehmste Pflicht eines Staatsbürgers, sich um dieselben zu bekümmern, vernachlässigen. Mit der Gewährung von Rechten kommt das Interesse, mit der Uebung der Rechte die Einsicht. Um schwimmen zu lernen, muß ich ins Wasser gehen können, sonst lerne ich es nicht. In der Vorzeit besaßen die Frauen die gleichen Rechte wie die Männer.

*) Verlag von J. H. W. Dietz, Stuttgart. 24. Auflage.

Die Entwicklung des Privateigenthums, und die daraus hervorgehende Herrschaft des Mannes raubte sie ihnen. Die sozialen Verhältnisse der modernen Zeit haben die Stellung der Frau total verändert, sie wird immer mehr die Genossin statt die Untergebene des Mannes. Diese Aenderung ihrer sozialen Stellung verlangt eine gleiche Aenderung ihrer öffentlichen Stellung.

Im Staate Wyoming der Vereinigten Staaten Nordamerikas besitzen die Frauen seit 25 Jahren das gleiche Stimmrecht wie die Männer und werden gleich diesen für öffentliche Stellungen gewählt, beides mit dem ausgezeichnetsten Erfolg. Aehnliches trat seitdem in andern Staaten der Union ein. In den Staaten Colorado und Arizona besitzen die Frauen seit einigen Jahren das politische Stimmrecht, ebenso neuerdings in Minnesota. In 22 Staaten der Union besitzen die Frauen das aktive und passive Wahlrecht für die Schulverwaltung. In Kansas, Nebraska, Arizona, Dakota, Idaho und Montana ist ihnen das Gemeinde-Wahlrecht eingeräumt unter der Voraussetzung, daß sie Bürgerinnen sind. In Argonia (Kansas) wurde 1887 die Frau eines Arztes zum Bürgermeister gewählt, das gleiche geschah 1893 in Onehunga auf Neuseeland. In letzterem Lande besitzen sie seit 1893 das Parlaments-Wahlrecht und betheiligten sich sehr lebhaft an demselben.

In Schweden haben seit 10 Jahren die Frauen das Wahlrecht für die Bezirks- und Gemeindewahlen unter den gleichen Bedingungen wie die Männer.

Die Frage des Frauen-Stimmrechts in England hat bereits eine Geschichte hinter sich. 1886 gelang es endlich, einen Antrag auf Ertheilung des Stimmrechts für Parlamentswahlen an die Frauen in zwei Lesungen zur Annahme zu bringen. Die Auflösung des Parlaments verhinderte die letzte Entscheidung. Im Jahre 1892 wurde ein ähnlicher Antrag nur mit 175 gegen 152 Stimmen verworfen; seitdem kam kein neuer Antrag wieder zur Verhandlung. Dagegen besitzen in den meisten Theilen Englands die Frauen das gleiche Stimmrecht wie die Männer für die Schul- und Armenkommissionen. In Frankreich kann eine Frau, die Inhaberin eines Handels- oder Fabrikbetriebs ist, das Wahlrecht für die Handelsgerichte ausüben, sie kann aber nicht gewählt werden. In Sachsen besitzt die Frau, die Grundbesitzerin und unverheirathet ist, das Gemeinde-Wahlrecht, aber sie darf nicht gewählt werden.

Eine Menge ähnlicher Beispiele ließen sich noch anführen, die angeführten genügen aber, um zu zeigen, daß auch das Stimmrecht der Frauen bereits weit mehr Geltung sich erobert hat, als der deutsche Philister sich träumen läßt.

Es ist nur eine Frage der Zeit, daß es allgemein zur Geltung kommt, und die Sozialdemokratie ist die einzige Partei, die es in ihrem Programm fordert.

## Das Proportional-Wahlsystem.

Ist das allgemeine gleiche, direkte und geheime Wahlrecht das demokratischste Wahlrecht, so ist dagegen die Art, wie es gehandhabt wird, noch eine sehr mangelhafte.

Zweck einer Wahl ist oder soll sein, die Stimmung der Wähler durch die gewählten Abgeordneten zu einem, wir möchten sagen, photographisch getreuen Ausdruck zu bringen. Dieses geschieht aber keineswegs durch die Eintheilung des Landes in Wahlkreise und durch die Wahl der Volksvertreter innerhalb derselben nach der absoluten Mehrheit der abgegebenen Stimmen.

Bei dieser Art der Stimmabgabe und der Stimmzählung kann es geschehen und geschieht thatsächlich, daß eine Mehrheit der Vertreter nur eine Minderheit der abgegebenen Stimmen hinter sich hat, die Wahl also ein ganz falsches Bild der Volksstimmung giebt. Als z. B. im Jahr 1887 der Reichstag wegen Verweigerung einer Militärvorlage aufgelöst wurde, ergab die darauf folgende Hauptwahl das Resultat, daß eine Zusammenstellung der Stimmen derjenigen Parteien, die gegen die Militärvorlage sich erklärt hatten, über 100 000 Stimmen mehr auf ihre Kandidaten vereinigt hatten, als diejenigen, die für die Militärvorlage stimmten. Die Vertreter der Letzteren hatten aber im Reichstag die Mehrheit.

4*

Noch auffälliger war das Resultat der Wahlen im Jahre 1893, die bekannt=
lich ebenfalls stattfanden, weil die Mehrheit des aufgelösten Reichstags eine neue
Militärvorlage abgelehnt hatte. Bei der Hauptwahl entfielen auf die Kandidaten
der Gegner der Vorlage rund 4 233 000 Stimmen, die Anhänger vereinigten
3 225 000 Stimmen auf ihre Kandidaten, also 1 098 000 Stimmen weniger. Aber
im Reichstag hatte die Minderheit der Stimmen die Mehrheit der Vertreter auf
ihrer Seite, indem die Vorlage mit einer Mehrheit von 12 Stimmen ange=
nommen wurde.

Dieser seltsame Widerspruch erklärt sich zum Theil aus dem Resultat der
engeren Wahlen, bei welchen die seltsamsten Verbindungen zwischen den Parteien
vorkommen, er erklärt sich aber hauptsächlich dadurch, daß viele hunderttausend
Stimmen bei der Art der Wahl wirkungslos unter dem Tisch fallen und keinen
Einfluß auf das Resultat ausüben. So hatte z. B. im Jahre 1887 die Sozial=
demokratie in Sachsen unter 519 008 abgegebenen gültigen Stimmen 149 270.
Von den 23 sächsischen Vertretern im Reichstag erhielt sie aber nicht einen, obgleich
im Verhältniß der für sie abgegebenen Stimmen ihr mindestens 6 Mandate
gebührten. Diese Anomalie wird auch durch die Ungleichheit der Wahlkreise
befördert, wonach z. B. Schaumburg=Lippe, das im Jahre 1890 rund 40 000 Ein=
wohner hatte, ebenso einen Vertreter wählt wie der vierte Berliner Wahlkreis, der
damals 488 000 Einwohner hatte. Im ersteren Wahlkreis konnte von rund 8000
Wählern, wenn sie sämmtlich stimmen, ein Abgeordneter gewählt werden, der 4001
Stimmen auf sich vereinigt, im vierten Berliner Wahlkreis brauchte unter der gleichen
Voraussetzung, daß alle Wähler stimmten, der Kandidat bei rund 97 600 Wählern
mindestens 48 801 Stimmen. Aber auch bei gleich großen Wahlkreisen kann bei
dem gegenwärtigen System die Minorität zur Majorität werden. Nehmen wir
folgendes Beispiel. In sechs Wahlkreisen werden genau gleichviel Stimmen abge=
geben und zwar in jedem rund 20 000. Dieselben vertheilen sich aber in folgender
Weise auf drei Parteien. Es erhalten im Wahlkreise:

|  | A. | B. | C. | D. | E. | F. | Insgesammt |
|---|---|---|---|---|---|---|---|
| die Konservativen . . | 11 000 | 1 800 | 1 200 | 10 200 | 1 900 | 10 500 | = 36 600 |
| „ Sozialdemokraten . | 6 500 | 7 800 | 13 500 | 8 000 | 7 000 | 7 900 | = 50 700 |
| das Zentrum . . . . | 2 500 | 10 400 | 5 300 | 1 800 | 11 100 | 1 400 | = 32 500 |

Nach einem solchen Stimmausfall in den sechs Wahlkreisen haben die
Konservativen mit 36 600 Stimmen 3 Abgeordnete, das Zentrum mit 32 500 Stim=
men hat 2 Abgeordnete, und die Sozialdemokraten mit 50 700 Stimmen haben nur
1 Abgeordneten erhalten. Die Ungerechtigkeit der Vertheilung der Abgeordneten
liegt auf der Hand; dabei ist die Wahl in aller Ordnung verlaufen, es ist nicht
einmal eine Stichwahl mit unnatürlicher Verbindung der Parteien nothwendig
gewesen.

Das Bild im Kleinen, was wir hier geben, entspricht ziemlich genau der
Wirklichkeit im Großen, wie folgende Zahlen zeigen. Bei den Reichstags=Wahlen
im Juli 1893 betheiligten sich bei der Hauptwahl von 10 628 292 eingetragenen
Wählern 7 702 265, die 7 673 973 gültige Stimmen abgaben. Es entfielen also
auf durchschnittlich 19 330 gültige Stimmen ein Abgeordneter. Es erhielten in
jener Wahl:

|  | Stimmen | wirklich Abgeordnete | statt Abgeordnete |
|---|---|---|---|
| Deutschkonservative . . . . . | 1 038 353 | 68 | 54 |
| Deutsche Reichspartei . . . . . | 438 345 | 27 | 23 |
| Nationalliberale . . . . . . | 996 980 | 52 | 52 |
| Freisinnige Vereinigung . . | 258 481 | 13 | 13 |
| „ Volkspartei . . | 666 489 | 22 | 34 |
| Süddeutsche Volkspartei . . . | 166 757 | 11 | 9 |
| Zentrum . . . . . . . . | 1 468 501 | 99 | 76 |
| Polen . . . . . . . . . | 229 531 | 19 | 12 |
| Deutsche Reformpartei (Antisem.) | 263 861 | 10 | 14 |
| Sozialdemokraten . . . . . | 1 786 738 | 43 | 95 |

Weitere 345 925 Stimmen entfielen auf Welfen, elsaß-lothringische Protestler, Wilde, sie lassen sich nicht genau rubriziren, 13 972 Stimmzettel waren zersplittert. Unter den Wilden sind im Parlaments-Almanach auch vier a tisemitische Abgeordnete aufgeführt: Ahlwardt, Liebermann v. Sonnenberg, Hilbert und Leuß. Die angeführte Berechnung ergiebt, daß eine wesentliche Verschiebung der Parteien im Reichstage eintreten würde, wenn die Zahl der Vertreter der angegebenen Parteien genau der für die Partei abgegebenen Stimmen entspräche. Am schlimmsten kommt bei der jetzigen Vertheilung die Sozialdemokratie weg, welche statt 95 Vertreter nur 43 erhielt.

Um also ein richtiges Gleichgewicht zwischen Wählern und Gewählten für alle Parteien herzustellen, muß an Stelle der Wahl in Wahlkreisen ein Wahl-system treten, nach welchem die Vertheilung der Abgeordneten nicht mehr auf die Wahlkreise, sondern nach den für eine Partei in ganz Deutschland ab-gegebenen Stimmen erfolgt. Dies kann nach verschiedenen Methoden ge-schehen. Wir halten uns hier an diejenige, die wir bereits im Jahre 1877/78 in der „Zukunft" vorschlugen,*) weil sie uns die einfachste zu sein scheint.

Nach dieser Methode bildet das ganze Deutsche Reich einen Wahlkreis. Für die Stimmabgabe wird eine Eintheilung in Bezirke, ähnlich der jetzigen, vor-genommen, in welchen die Wähler ihre Stimmen abgeben. Der Wähler stimmt aber nicht mehr für eine bestimmte Person, sondern für eine Partei; demnach lauten die Stimmzettel auf den Namen einer bestimmten Partei. Sämmtliche abgegebenen Stimmen werden an einer Zentralstelle gesammelt und nach Parteien geordnet und addirt. Die Zahl der Abgeordneten dividirt in die Zahl der abgegebenen gültigen Stimmen ergiebt die Durchschnittszahl der Stimmen, die auf einen Abgeordneten entfallen. Nimmt man an, daß künftig das Reich 400 Abgeordnete habe und es seien rund 8 Millionen gültige Stimmen abgegeben worden, so entfallen auf jeden Abgeordneten 20 000 Stimmen. Bekam von den abgegebenen gültigen Stimmen z. B. die Sozialdemokratie 2 150 000, so hat sie auf rund 107 Abgeordnete Anspruch und im gleichen Maßstab jede andere Partei, gemäß der auf sie gefallenen Stimmenzahl.

Ihre Abgeordneten bestimmt jede Partei selbst, dergestalt, daß jede Partei, die ihre Wahlbetheiligung offiziell bei der Zentralstelle angezeigt hat, auch eine Liste der Kandidaten einreicht, die in der Reihenfolge, in der ihre Namen auf der Liste stehen, für gewählt erklärt werden, so weit die Zahl der abgegebenen Stimmen, durch die Wählerzahl, die auf einen Vertreter kommt, dividirt, der Partei Abgeordnete zuweist.

Bei diesem System ist absolut sicher, daß jede Partei, die nur soviel Stimmen zusammenbringt, als auf einen Abgeordneten durchschnittlich entfallen, einen solchen erhält. Ebenso können Personen, die keiner Partei angehören, sich um Stimmen auf ihre Person bewerben. Langt die Zahl der abgegebenen Stimmen, so sind sie gewählt. Ein Ueberschuß an Stimmen, sei er noch so groß, würde aber in diesem Falle verloren gehen, weil die auf eine bestimmte Person lautenden Stimmzettel auf andere Personen nicht übertragen werden können. Da-gegen könnten überschüssige Stimmen der einzelnen Parteien insofern noch berück-sichtigt werden, als ein Ueberschuß von über die Hälfte der auf einen Ab-geordneten kommenden Stimmenzahl noch zur Zuweisung eines Abgeordneten führen kann. Z. B. würde der Ueberschuß von 15 000 Stimmen, der nach dem angegebenen Beispiel bei 107 Abgeordneten auf 2 155 000 Stimmen der Sozial-demokratie verbliebe, bei Vertheilung einer Anzahl von Mandaten auf die Rest-überschüsse der einzelnen Parteien, ihr wahrscheinlich noch einen Vertreter ver-schaffen. Dagegen würden Theilüberschüsse von weniger als der Hälfte — also unter 10 000 — unberücksichtigt bleiben.

---

*) Die „Zukunft", Sozialistische Revue, 1. Jahrgang, Seite 507 und folgende. Berlin. Verlag der Allgem. deutschen Assoziations-Buchdruckerei.

Ein solches Wahlsystem durchgeführt, würde folgende Vortheile ergeben:

1. Jede Partei erhielt genau die Vertreterzahl, die sie nach Maßgabe der für sie abgegebenen Stimmen beanspruchen kann.

2. Indem statt der Personen die Parteien und ihre Bestrebungen in den Vordergrund der Erörterung treten, verliert der Wahlkampf jeden persönlichen Charakter, er vertieft sich und wird prinzipiell, er wird um Grundsätze geführt. Auch der Kampf um Kirchthurmsinteressen wäre beseitigt.

3. Jede Partei hat die Sicherheit, daß sie diejenigen Personen, die sie in erster Linie im parlamentarischen Kampfe thätig sehen will, in die Parlamente bringt. Es kann nicht mehr vorkommen, daß erste Kräfte einer Partei durch das Wahlmißgeschick geschlagen werden, wohingegen Kräfte von geringerer Bedeutung siegen. Z. B. würden die Nationalliberalen einen Wörmann, den sie schwer entbehren, sicher im Reichstag haben, während bei dem jetzigen Wahlsystem keine Aussicht vorhanden ist, daß er jemals wieder in Hamburg gewählt wird.

4. Bliebe es den Parteien unbenommen, die Kandidaten auch nach Landsmannschaften aufzustellen und nach Maßgabe der abgegebenen Stimmen als gewählt proklamiren zu lassen. Wenn z. B. das bayerische Zentrum verlangte, daß auf 333 000 in Bayern abgegebene Zentrumsstimmen die entsprechende Zahl Vertreter aus Bayern genommen werde, so stünde der Ausführung dieses Verlangens kein Hinderniß im Wege. Die Parteien machen das unter sich ab.

5. Hörten die Stichwahlen auf und wäre damit eine Quelle großen Aergernisses für alle Parteien beseitigt.

6. Wären amtliche und sonstige Maßregelungen gegen die Person des Kandidaten, weil letzterer nicht mehr in den Vordergrund tritt, wesentlich erschwert, oft sogar unmöglich gemacht.

7. Würde der Kandidatenmangel, an dem gerade die bürgerlichen Parteien am meisten leiden, verschwinden oder doch geringer werden, weil kein Kandidat mehr seiner Person wegen in den Wahlkampf einzutreten brauchte. Auch besteht keine Gefahr mehr für eine persönliche Niederlage.

8. Wäre die gewählte Volksvertretung ganz und voll der Ausdruck der Anschauungen in den Wählerkreisen.

Als selbstverständlich wird vorausgesetzt, daß die offiziell für die Bewerbung angemeldeten Parteien und einzelnen Personen bei der Feststellung der Wahlresultate in entsprechender Weise vertreten sind.

Das Proportionalwahlsystem ist bereits in einer Reihe von Schweizerkantonen in Uebung und es wird nicht lange währen und es ist in der ganzen Schweiz für alle Wahlen in Gebrauch. Das Proportionalwahlsystem, beruhend auf dem Grundsatz des allgemeinen, gleichen direkten und geheimen Wahlrechts, ist das Ideal eines Wahlsystems.

Aber das ist gerade der schwerwiegendste Grund für unsere herrschenden Klassen, es nicht zu wollen und mit aller Kraft seiner Verwirklichung entgegenzutreten.

## Schluß.

Als im Februar 1893 die belgischen Arbeiter eine große Agitation für die Einführung des allgemeinen, gleichen, direkten und geheimen Wahlrechts entfalteten, sah sich der Brüsseler Korrespondent der „Frankfurter Zeitung" veranlaßt, den General Brialmont — bekanntlich eine militärische Autorität ersten Ranges auf dem Gebiete der Befestigungskunst — darüber zu befragen, wie er zu der Frage des allgemeinen Wahlrechts stehe. Nach dem Bericht der „Frankfurter Zeitung" vom 16. April (Abendblatt Nr. 107) antwortete der General: „Ich bin Anhänger des allgemeinen Stimmrechts und halte es nach wie vor für die einfachste Lösung der bestehenden Schwierigkeiten. Dabei gehe ich von meinem speziellen Standpunkt als Soldat aus.

Ich halte es für das nothwendige Korrelat der allgemeinen Wehr=
pflicht, die ich anstrebe und deretwegen ich allein in die Kammer gewählt
worden bin."

Im Weiteren führte der General aus, daß zwar die Bourgeoisie Gegnerin
des allgemeinen Stimmrechts sei, daß er aber nicht glaube, daß man auf die Dauer
dasselbe den belgischen Arbeitern vorenthalten könne.

So sprach ein belgischer General, der genau wußte, daß die Agitation
für das allgemeine Stimmrecht vor den Sozialisten ausging, die gerade im Früh=
jahr 1893 Demonstrationen zu Gunsten desselben in Szene setzten, die in Deutsch=
land, unter dem Beifall sämmtlicher Generale der deutschen Armee, den Belagerungs=
zustand zur Folge gehabt hätten.

In ganz Preußen, in ganz Deutschland giebt es keinen General,
der in ähnlich vorurtheilsfreier Weise wie Brialmont zu urtheilen
vermöchte. Die deutschen Generale gehören sammt und sonders zu den
grimmigsten Gegnern des allgemeinen Stimmrechts, und viele von ihnen
würden lieber heute als morgen den ganzen Parlamentarismus zum Teufel gehen
sehen, obgleich die allgemeine Wehrpflicht für Deutschland seit Jahrzehnten besteht.

Diese allgemeine Wehrpflicht ist durch die letzte Militärvorlage in einer
Weise ausgedehnt worden, daß der Stamm der wehrfähigen Männer nahezu auf=
gebraucht wird. Neben den persönlichen Opfern liegen die materiellen Opfer
hauptsächlich auf den arbeitenden Klassen.

Das System der indirekten Steuern ist sogar in Deutschland, gerade in den
letzten anderthalb Jahrzehnten, in einem früher nie gekannten Maßstab ausgebaut
worden, und unsere Regierungen, unterstützt von einem großen Theil der Bour=
geoisie, sind bestrebt, es noch zu erweitern.

Mit diesen steigenden Pflichten auch die Rechte in Einklang zu bringen,
liegt unseren maßgebenden Kreisen fern. Man sinnt vielmehr darauf, die Rechte
zu verkürzen, die knapp genug zugemessenen Freiheiten — wenn sie überhaupt
diese Bezeichnung verdienen — wie das Vereins= und Versammlungsrecht und die
Preßfreiheit zu beschneiden. *)

Und in diesem Ruf nach Rückwärtsrevidirung einer Gesetzgebung, die zum
Theil, wie das Gesetz über das Vereins= und Versammlungswesen, der schlimmsten
Reaktionsperiode Deutschlands erst entsprossen ist, steht die politische Vertretung
einer feigen und charakterlosen Bourgeoisie, die nationalliberale Partei, ob
der Spitze.

Dieselbe Partei, die, wir wiederholen es immer wieder, der Hauptträger
der Reaktion in Deutschland ist, schreit auch nach „Aenderung der bisherigen
Grundlagen" des Reichstages. Das allgemeine Wahlrecht ist ihr in tiefster Seele
verhaßt, und ginge es nach ihr, seine Tage wären gezählt.

Nun, die Feinde des allgemeinen Stimmrechts mögen sich zu Herzen nehmen,
was Rodbertus bereits 1849 in den „Demokratischen Blättern" schrieb, als die
preußische Regierung durch einen Staatsstreich das allgemeine Stimmrecht auf=
gehoben und das Dreiklassenwahlsystem oktroirt hatte. Damals führte Rodbertus
aus: daß natürliche Ziel der geschichtlichen Entwicklung sei das all=
gemeine gleiche Wahlrecht.

„Die Eigenthümlichkeit aller unserer gesellschaftlichen Verhältnisse drängt
unaufhaltsam zu ihm hin, und alle Analogien aus dem antiken Staat reden
der Berechtigung dieses Dranges das Wort. Wenn die Neigung zum Freistaat
unabweislich vorhanden ist, wenn er vielleicht thatsächlich schon besteht, wenn die
Mitglieder desselben bereits eine bürgerlich gleichberechtigte Gesellschaft bilden,
so ist kein Zensus, keine Vermögenseintheilung mehr stark genug, auf die
Dauer dem Andrange auch zu voller politischer Gleichheit zu widerstehen.

*) Die dem Reichstage vorgelegte Umsturzvorlage zeigt noch deutlicher, wohin
der neueste Kurs geht.

Dazu würden in das ganze Leben, in die Erziehung und die Sitten von Familien und Generationen einschneidende, die bürgerliche Rechtsgleichheit selbst wieder aufhebende, mit einem Wort tiefere Unterschiede gehören, als eine oberflächliche und bewegliche Vermögenseintheilung. Auch das lehrt schon der antike Staat unwiderleglich. Wo nicht im Alterthum von vornherein die politische Gleichheit verfassungsmäßig gegründet ward, da haben auch niemals timokratische Einrichtungen*), deren endliche Entwicklung verhindern können. Und dennoch waren dieselben im Alterthum mehr dazu geeignet, als sie es heute sein würden. Im Alterthum stuften sich auch die politischen Pflichten nach den Rechten ab, während dies in dem heutigen preußischen Versuch nicht der Fall und auch bei den Bedürfnissen des modernen Staats unmöglich ist. Damals war die letzte Klasse frei von Steuer und Kriegsdienst, die ersteren Klassen trugen bei ihren größeren politischen Rechten auch die Kosten der Staatsverwaltung und Kriegführung allein. Die heutigen Einrichtungen können aber weder die Steuern noch die Kriegsdienste der letzten Klasse entbehren; diese lasten vielmehr hauptsächlich auf ihr. Mit doppelter Berechtigung verlangen daher auch die Proletarier bei uns die Gleichheit der Stimme, mit doppelter Gewalt wird daher auch bei uns die bürgerlich gleichberechtigte, die politisch schon gleich verpflichtete Menge jene schwachen Schranken des Geldes durchbrechen, die sie von der politischen gleichen Berechtigung abhalten sollen. Wenn der geschichtliche Zug einmal gegeben ist, so dient ihm Alles, Weisheit und Thorheit, Recht und Unrecht, Segen und Fluch."

Dieser geschichtliche Zug, von dem Rodbertus spricht, ist vorhanden, und speziell die Sozialdemokratie kann von sich sagen, daß Alles, was ihre Gegner noch zu ihrem Verderben ausgedacht, schließlich zu ihren Gunsten sich gestaltet hat.

Der Schrei der oberen Klassen nach Rückschritt, immer mehr Rückschritt, wird durch den zehnfach verdoppelten Schrei von Unten nach Fortschritt, immer mehr Fortschritt, nach Menschlichkeit und Gerechtigkeit übertönt werden. Die Massen haben es satt, die oberen Klassen über ihr Schicksal entscheiden zu lassen, sie wollen selbst ihre Geschicke lenken. Darum der Ruf nach dem allgemeinen Stimmrecht, so weit die deutsche Zunge klingt.

Mögen die herrschenden Klassen nicht vergessen, daß wenn einmal in Europa der große Generalmarsch geschlagen wird, auf den hin zwölf bis fünfzehn Millionen Männer von Waffen starrend in das Feld rücken, nur das Volk seine nationale Existenz bewahren kann, das sich bewußt ist, ein Vaterland zu besitzen, das sich der Mühe lohnt, es auch zu vertheidigen.

---

*) Einrichtungen, die auf den Reichthum gegründet sind.

Druck von Max Pasding, Berlin SW., Beuth-Straße 2.

Verlag des „Vorwärts", Berlin SW., Beuth-Straße 2.

# Schriften von August Bebel:

## Die Frau und der Sozialismus.
Neueste Auflage. Brosch. Mk 2,- gebund. Mk. 2,50. Porto 30 Pfg

„Das Bebel'sche Buch ist, wenn man von den Schriften eines Karl Marx und Friedrich Engels absieht, das bedeutendste literarische Erzeugniß, welches der deutsche Sozialismus hervorgebracht hat. Wer den Inhalt des Sozialismus und seine Ziele genau kennen lernen will, wird nicht umhin können, sich der Lektüre desselben zu unterziehen, dessen großer Fleiß und strenger, sittlicher Ernst selbst bei den delikatesten Fragen auch seitens des Gegners offen anerkannt werden müssen."

## Die wahre Gestalt des Christenthums.
(Etude sur les doctrines sociales du christianisme.)
Von Yves Guyot und Sigismond Lacroix. Uebersetzt von einen deutschen Sozialisten. Dritte Auflage 7 Bogen. Mk. ,50. Porto 10 Pfg.

Diese vorzügliche Schrift verdient heute, wo gescheiterte und konfurirte Demagogen in christlicher Sozialreform machen, weiteste Verbreitung, sie zeigt, ihrem Titel entsprechend, die wahre Gestalt des Christenthums. Einzelne Punkte, welche nicht die ungetheilte Zustimmung der Sozialdemokratie finden dürften, behandelt Bebel in nachstehender Broschüre

## Glossen zu Yves Guyot's und Sigismond Lacroix's „Die wahre Gestalt des Christenthums". (Etude sur les doctrines sociales du christianisme.)
Nebst einem Anhang: Ueber die gegenwärtige und künftige Stellung der Frau. 3. durchgesehene Auflage. Mk. —,30. Porto 5 Pfg.

In knappen, scharfen Umrissen eine Darlegung, daß alle religiösen Bewegungen im Grunde sozialer Natur sind, insbesondere mit Bezug auf Luther's reaktionäre Reformations Bewegung. Der Anhang ist die Quintessenz der betr. größeren Schrift aus des Verfassers Feder.

## Unsere Ziele.
Eine Streitschrift gegen die „demokratische Korrespondenz". Zehnte Auflage. Mk. ,30. Porto 5 Pfg.

Die Schrift ist ein historisches Dokument der deutschen Sozialdemokratie, trotzdem der damalige Standpunkt des Verfassers nach verschiedenen Richtungen hin überholt ist.

## Sozialdemokratie und Antisemitismus.
Mk. —,20. Porto 3 Pfg.

Die Schrift analysirt den prinzipiellen Gegensatz zwischen Sozialdemokratie und Antisemitismus und erklärt die antisemitische Bewegung aus ihren historischen Ursachen. Im Anhang weist Bebel nach, daß und warum die Juden die eigentlichen Feinde der Kleinbauern waren und sind und giebt auf die statistischen Ergebnisse ein über das Verhältniß der Juden zu den Christen in Bezug auf die begangenen Verbrechen und Vergehen.

## Christenthum und Sozialismus.
Eine religiöse Polemik zwischen Herrn Kaplan Hohoff in Hüffe und A. Bebel. Mk. —,10. Porto 3 Pfg.

Ist zur Massenverbreitung namentlich in katholischen Gegenden sehr geeignet.

## Christenthum und Sklavenfrage.
Reichstagsrede von Dr. Lieber, Pastor Schall und A. Bebel bei Berathung des Colonialetats am 20. Februar 1894. Mk. —,05. Bei Partieen von 1 500 Exemplaren à 3 Pfg., über 500 à 2 Pfg. Porto 3 Pfg.

Die neueste Agitationsbroschüre zur Massenverbreitung besonders in katholischen oder solchen Gegenden, wo das protestantische Muckerthum haust.

## Die parlamentarische Thätigkeit des deutschen Reichstages und der Landtage von 1874—1876.
2. Auflage. Mk. —,25 Porto 5 Pfg.

Weitere Schriften von August Bebel siehe unser Schriften-Verzeichniß.

# Verlag des „Vorwärts", Berlin SW., Beuth-Straße 2.

Soeben erschien in unserem Verlage:

# Die Allgemeine Arbeitslosigkeit

## ihre Ursachen und Beseitigung.

### Von

Preis 20 Pfg.  **C. O. Schmidt.**  Porto 5 Pfg.

3 Bogen in elegantem Umschlag.

Die Schrift behandelt in einfacher Darlegung die Ursachen der gerade heute wieder brennend gewordenen Frage der allgemeinen Arbeitslosigkeit. Im zweiten Theil der Schrift werden die Mittel und Wege erörtert, mittelst welcher die allgemeine Arbeitslosigkeit eingedämmt werden könnte, wenn die herrschende Gesellschaft guten Willen und Einsicht besäße, wie aber das Gespenst der allgemeinen Arbeitslosigkeit erst mit der Beseitigung der planlosen kapitalistischen Wirthschaftsweise gebannt werden könne. In einem Schlußwort legt er die Pflichten dar, welche für die Arbeiterklasse aus dieser Sachlage entspringen.

# Grundsätze und Forderungen

## der Sozialdemokratie.

### Erläuterungen zum Erfurter Programm.

### Von

## Karl Kautsky und Bruno Schoenlank.

Preis 10 Pfennig, in Partienbezug: 100 Exemplare Mark 7,—.

Diese Programmbroschüre behandelt im ersten Theile die Prinzipienerklärung der Sozialdemokratie. In verschiedenen Kapiteln (Kleinbetrieb und Großbetrieb, Kapitalist und Proletarier, Privatmonopol und Staatsmonopol, die Erhebung des Proletariats, der Sozialismus) sind die grundlegenden sozialdemokratischen Lehrsätze populär-wissenschaftlich dargelegt. Der zweite Theil erläutert die Programm-Forderungen, welche als Mittel zum Zwecke dienen sollen: zur Befreiung der Arbeiterklasse, zur Errichtung der sozialistischen Gesellschaft.

# Umsturz und Sozialdemokratie.

## Stenographischer Bericht über die Umsturzdebatte im Deutschen Reichstage

### am 17. Dezember 1894 und 8. 12. Januar 1895.

Großoktav 16 Bogen.  Preis 40 Pfg.  Porto 10 Pfg.

Seit der „Zukunftsstaatsdebatte", welche die Sozialdemokratie geistig vernichten sollte, hat keine Debatte im Reichstag stattgefunden, welche so sehr das allgemeine Interesse beansprucht hat wie die Berathung der Umsturzvorlage, die nunmehr zwei Jahre später der Sozialdemokratie mit Gefängniß und Zuchthaus den Garaus machen soll. Die Schrift eignet sich ähnlich wie die Zukunftsstaatsdebatte zur Massenverbreitung.

Druck von Max Babing, Berlin SW., Beuth-Straße 2.

www.ingramcontent.com/pod-product-compliance
Lightning Source LLC
Chambersburg PA
CBHW021539270326
41930CB00008B/1309